DELIUS KLASING

INGO THIEL

Fofftein

REPORTAGEN UND GESCHICHTEN AUS DEM HAMBURGER HAFEN

DELIUS KLASING VERLAG

Bibliografische Information der Deutschen Nationalbibliothek
Die Deutsche Nationalbibliothek verzeichnet diese Publikation
in der Deutschen Nationalbibliografie; detaillierte bibliografische
Daten sind im Internet über http://dnb.d-nb.de abrufbar.

1. Auflage
ISBN 978-3-7688-3330-1
© by Delius, Klasing & Co. KG, Bielefeld

Fotos: Holger Stöhrmann
Titelfoto: dpa Picture-Alliance, Frankfurt
Text: Ingo Thiel
Lektorat: Birgit Radebold, Anja Ross
Einbandgestaltung: Gabriele Engel
Layout: Christian Meise, scanlitho.teams
Reproduktionen: scanlitho.teams, Bielefeld
Druck: fgb – freiburger graphische Betriebe, Freiburg
Printed in Germany 2011

Delius Klasing Verlag, Siekerwall 21, D-33602 Bielefeld
Tel.: 0521/559-0, Fax: 0521/559-115
E-Mail: info@delius-klasing.de
www.delius-klasing.de

Inhalt

Faszination Hafen: Zum Geburtstag
im Mai ist es zu Lande und auf dem Wasser
brechend voll – und für jeden etwas dabei.

Hinter den Kulissen: Einblicke in den Hamburger Hafen

Der Hamburger Hafen ist pulsierendes Wirtschaftszentrum, quirliger Touristenmagnet und beliebte Flaniermeile in einem. Kein Besuch in der Hansestadt ist vollständig, ohne den Hafen gesehen zu haben, und selbst viele Einheimische zieht es häufig an die Elbe zum »Pötte gucken«. Doch die meisten Besucher und sogar viele Hamburger lernen bei Hafenrundfahrten oder Ausflügen nur einen kleinen Bruchteil des Hafens kennen.

Hamburgs Tor zur Welt übt eine magische Faszination aus. Rund 12 000 Schiffe pro Jahr machen an den vielen Liegeplätzen fest, etwa 200 Liniendienste verbinden Hamburg weltweit mit fast 1000 Häfen in 170 Ländern. Der Hafen ist ein Ort der Superlative: Er umfasst nahezu ein Zehntel des gesamten Stadtgebiets und ist mit 300 000 Beschäftigten größter Arbeitgeber und Steuerzahler Hamburgs. Jeder siebte Euro in Hamburg wird im Hafen verdient, der zum größten Außenhandelsplatz Deutschlands geworden ist. Eine gewaltige Entwicklung hat sich somit seit 1189 vollzogen, als Hamburg von Kaiser Barbarossa der sogenannte Freibrief ausgestellt wurde, der die Geschäftsgrundlage für den Hafenbetrieb bildete. Ein- und auslaufende Schiffe genossen danach nicht nur auf dem Meer, sondern auch auf der gesamten Unterelbe und in Hamburg Zollfreiheit.

Bücher über den Hafen gibt es viele, aber nur wenige, die sich mit den Menschen, ihren Berufen, den Gewerken und den Institutionen beschäftigen. Dabei machen doch gerade die dort Arbeitenden den Erfolg des Hamburger Hafens aus und tragen zu der einzigartigen Atmosphäre bei. Und kaum jemand hat die Gelegenheit, sich selbst ein Bild zu machen und Einblicke in die faszinierende Hafenwelt zu bekommen.

Dabei gibt es neben vielen spannenden Geschichten auch einige skurrile zu entdecken. Manche davon sind bekannt, andere eher nicht. Traditionelle Berufe wie der des Seilschlägers sind vom Aussterben bedroht, bei einigen gibt es sogar nur noch einen einzigen Vertreter der Zunft wie beim Hafenfischer. Von diesen Menschen, ihrer Geschichte und ihren Geschichten berichten die Reportagen in diesem Buch. Und von Projekten wie der derzeit spektakulärsten Baustelle Europas, der HafenCity, mit dem neuen, weltweit beachteten Wahrzeichen – der Elbphilharmonie.

Bei den Recherchen für dieses Buch wurde eines schnell klar: Der Hafen befindet sich in ständigem Wandel und entwickelt sich dynamisch weiter. Wenn man eine Geschichte

**Schlepperponton Neumühlen:
Warten auf den nächsten
Einsatz.**

anpackt, entdeckt man gleich die nächste. Lernt man eine neue Ecke kennen, verbirgt sich dahinter wieder etwas Interessantes. Ein Buch ist sicherlich nicht genug, um auch nur ansatzweise alle Geschichten abzudecken, die der Hafen hergibt. Hier kann kein Anspruch auf Vollständigkeit erhoben werden. Doch spannende Einblicke können in diesem Buch gegeben werden und ein erstes Gefühl dafür, was dieses besondere Flair des Hamburger Hafens ausmacht.

Nur eine aus dem Hafen stammende Bezeichnung konnte für den Titel des Buchs infrage kommen. »Fofftein« steht für die morgendliche Brotzeit der Hafenarbeiter, kann aber auch einfach eine kurze Pause bedeuten. Die plattdeutsche Zahl »Fünfzehn« bezieht sich auf die nach der alten Arbeitszeitordnung vorgesehenen 15 Minuten Frühstückspause. Oder wie ein alter Arbeiter in schönstem Hamburger Platt erzählte: »Wenn de Stauerviz ›Fofftein!‹ röppt, hess du fofftein Minuten Tied dien Rundstück optoeet'n un dien Kaffetäng leertosupp'n.«

Un nu geiht dat los, ick bün doch kien Bremer!

Kontrollierende Kraftpakete

Sie gehören zu den Stärksten im Hafen und nehmen selbst Schiffe an den Haken, die mehr als zehnmal so lang sind wie sie selbst. Dabei gehen ihre Lenker aber beweglich und elegant mit ihnen vor. Eigenschaften, die man den Kraftprotzen gar nicht zutraut.

Direkt vor uns ragt eine haushohe schwarze Wand auf. Zum Greifen nah scheint der Bug des Containerriesen COSCO EUROPE, an der Reling rund 20 Meter höher stehen Matrosen mit Arbeitshandschuhen und blicken herunter. Es wird ziemlich wackelig, der Schlepper PETER tanzt auf der Bugwelle, direkt vor der Nase des 350 Meter langen und 46 Meter breiten Giganten, der mit der Strömung acht Knoten schnell nahezu frontal auf ihn zukommt. Der mit 258 BRZ vermessene Schlepper wirkt wie ein Spielzeug gegen den Frachter mit 115 000 BRZ. Im Radio auf der Brücke läuft leise »Down under«, genau das, was jetzt bitte möglichst nicht passieren sollte. Denn kommt PETER dem Großschiff zu nahe, wird der Schlepper durch den Sog unweigerlich unter den Bug gezogen und unter Wasser gedrückt. Erst im November 2010 kenterte in Rotterdam ein Schlepper, es gab Tote und Verletzte.

Kapitän Ibendahl aber weiß genau, was er tut. Seit 30 Jahren ist der 62-Jährige Schlepperkapitän, und diese nicht ganz ungefährliche Situation ist für ihn Berufsalltag: »Man entwickelt ein Gefühl dafür, wie nah man an das zu schleppende Schiff rankann. Wenn

Voll konzentriert: Kapitän Ibendahl weiß, wie schnell die Steuerhebel auf die kleinste Bewegung reagieren.

man sich verschätzt, hilft nur Leine kappen, Rückwärtsgang, Hebel runter, Vollgas. Erst mal weg, egal, ob die Leine verloren geht.«

Das ist ihm in all der Zeit aber noch nie passiert, und auch jetzt hält er den Schlepper direkt vor der Nase auf Kurs, fährt rückwärts mit gleichbleibendem Abstand zum Frachter. Der Motor von PETER nimmt sofort Gas an, der bis 12,5 Knoten schnelle Schlepper wird mit zwei Steuerhebeln gefahren, die direkt mit den Propellern verbunden sind. Die Steuerhebel sind um 360 Grad drehbar und stellen die Propellerposition ein. Die Spezial-schiffe sind dadurch extrem beweglich und fahren gleichermaßen quer, vorwärts oder rückwärts. Der Kapitän kann sich in jeder Situation darauf verlassen, dass der Schlepper sofort auf seine Handbewegungen reagiert: »Das ist Handarbeit mit ganz viel Gefühl. Für diesen Job ist nicht jeder geeignet, man muss Ruhe bewahren, das ist reine Nerven-sache. Wichtig ist, dass man lernt, mit all der Kraft umzugehen.« Denn die Spezialschiffe sind mit starken Motoren ausgestattet, die für ihre Größe völlig überdimensioniert sind, aber über ausreichend Kraft verfügen, um selbst die größten Frachter zu sichern.

Eine Kamera zeigt Ibendahl auf dem über dem Steuersitz angebrachten Monitor, was auf der Elbe hinter ihm geschieht. Dabei hat er immer beide Hände an den Fahrhebeln, um sofort reagieren zu können, per Fuß bedient der Schlepperkapitän das Funkgerät, über das er sich mit dem Hafenlotsen hoch oben auf der Brücke des Frachters verständigt. Denn der Lotse kann den Schlepper vor dem Bug nicht sehen. Ibendahl handelt aber nur auf Anweisung des Lotsen, der Kommandos gibt. Am Heck ist mit BUGSIER 2

Während des Anlegemanövers sichert ein Schlepper am Heck

ein weiterer Schlepper im Einsatz, denn moderne Seeschiffe verfügen zwar häufig über Bug- und Heckstrahlruder, Doppelschraubenanlage oder Verstellpropeller, können aber auf so engem Raum wie in einem Hafen nicht gut manövrieren. Ältere Schiffe haben nicht einmal einen Rückwärtsgang, bei ihnen müssen die Maschinen gestoppt und rückwärts wieder angelassen werden, ein Vorgang, der ebenso viel Zeit kostet wie das Umsteuern des Ruders von hart Steuerbord bis hart Backbord. Darum nimmt die über-

Hier wird's eng: Selbst unter
Vollgas kommt der Bug nur
zentimeterweise herum.

wiegende Mehrheit der Kapitäne großer Seeschiffe aus Sicherheitsgründen die Hilfe von Schleppern in Anspruch. Bei großen Frachtern ohne Bugstrahlruder sind sogar vier oder fünf Schlepper im Einsatz. Denn je höher ein Schiff ist, desto anfälliger ist es für Wind, je mehr Tiefgang vorhanden ist, desto anfälliger für Strömung.

Die COSCO EUROPE, bei der am Parkhafen die Schleppleine festgemacht wird, soll am Terminal Tollerort anlegen, dazu muss sie vorher auf der Elbe gedreht werden. Sechs Container hoch ragen die Reihen bunter Transportkisten auf dem Hauptdeck auf, die Marke am Schiff zeigt 12,40 Meter Tiefgang an, das Echolot von PETER hier im Hauptfahrwasser der Elbe 17,10 Meter. Es ist Stauwasser, nahezu Höchststand. An Deck des Schleppers hat Decksmann Karp die Leinen vorbereitet. Mit geübtem Schwung wirft ein Matrose des Frachters die Wurfleine an Deck des Schleppers, wo sie vom Decksmann aufgefangen wird. Schlepp- und Wurfleine werden miteinander verbunden, und die Matrosen des Seeschiffs ziehen sie hoch an Bord. Der Schlepper ist mit zwei Windentrommeln für die Schleppdrähte ausgestattet. Falls einer reißt oder andere Probleme auftreten, kann sofort mit dem anderen gearbeitet werden. Der Draht hat einen Durchmesser von 52 Millimeter, die Vorleine aus der Kunstfaser Dynema 78 Millimeter, bis zu 298 Tonnen Zugkraft können damit ausgeübt werden. Langsam werden Vorleine und Draht von der

Winde abgespult, gemächlich gleitet der Draht durch den sogenannten Schleppbock nach oben und wird auf dem Frachter festgemacht. Der Schlepperkapitän bestimmt die Länge des Drahts. Ist es eng, wird mit »kurzer Leine« von zehn Metern gefahren, ist viel Platz, nimmt man eine »lange Leine« von 30 Metern. Durch die Winde ist man heute flexibel, man kann die gewünschte Länge abmessen und den Schleppdraht bis zu 90 Grad zum Schiff drehen. Früher gab es nur feste Längen von 40, 60 und 80 Metern, man war nach Wahl des Drahts festgelegt und konnte nicht reagieren. Heute sind 20 Meter Vorleine und 120 Meter Schleppdraht auf den Winden, je nach Erfordernis jederzeit beliebig einstellbar. Bei der COSCO EUROPE hat sich Ibendahl für knapp 25 Meter Draht entschieden: »Nach all den Jahren bekommt man ein Gefühl dafür. Die Leine darf nicht zu kurz sein, denn je steiler der Winkel ist, desto weniger Zugkraft kann ausgeübt werden.«

Die Schleppwinde wird von Maschinist Laue von der Brücke gefahren und vom Maschinenkontrollraum aus überwacht. Hier liest der 56-Jährige auf Bildschirmen Tank- und Wasserstände ab, kontrolliert die von Kameras übertragenen Bilder aus dem Maschinenraum und reagiert sofort, wenn das Alarmsystem anzeigt, dass etwas nicht funktioniert. Ein Deck tiefer befindet sich der Maschinenraum mit zwei Caterpillar 16-V-Motoren, die zusammen 4180 Kilowatt leisten. Damit gehört PETER unter den insgesamt 20 Hamburger Schleppern zu den stärksten im Hafen. Der 2008 von der niederländischen Damen-Werft gebaute Kraftprotz verfügt über einen Pfahlzug von mehr als 70 Tonnen. Diese physikalische Einheit steht für Masse, die von der Zugkraft gegen die Erdbeschleunigung vertikal auf Meereshöhe angehoben werden kann. Die Masse eines Schiffes, das mit dieser Kraft horizontal gezogen werden kann, ist um ein Vielfaches höher. Die beiden Motoren, die in Betrieb rund 200 Liter leichtes Gasöl pro Stunde verbrauchen, sind immer betriebsbereit. Ein Vorwärmer hält sie immer bei 50 °C, damit der Schlepper bei Bedarf sofort losfahren kann. Über einen eigenen Stromkreis werden alle elektrischen Anlagen versorgt, an der Pier schaltet Laue das System auf Landstrom um. PETER gehört der Reederei Petersen & Alpers, die 1793 gegründet wurde. Der älteste noch im Familienbesitz befindliche Dienstleistungsbetrieb im Hafen wird mittlerweile in der siebten Generation weitergeführt und verfügt über insgesamt sechs Schlepper.

Über Funk ertönt die Stimme des Lotsen: »Leine fest!« Die COSCO EUROPE ist vor Dock 11 von Blohm & Voss angekommen, hier soll über Steuerbord gedreht werden, um den Frachter rückwärts an den vorgesehenen Liegeplatz zu bringen. Auf der rundum verglasten Brücke mit den selbsttönenden Scheiben gegen grelles Sonnenlicht gibt Kapitän Ibendahl langsam Gas. PETER zieht an, die Leine spannt sich, der Schlepper vibriert, die Maschinen laufen auf Hochtouren, das Wasser schäumt vor dem Bug. 71,5 Tonnen Zugkraft zeigen die Instrumente, fast Maximallast. Zunächst passiert wenig, PETER scheint nicht vom Fleck zu kommen. Dann, langsam, bewegt sich der Bug des Containerriesen Richtung Ufer, gleichzeitig bremst der andere Schlepper von achtern. »Voll holen«, kommt das Kommando vom Lotsen, ein weiteres Mal zieht PETER richtig an, der

Heckschlepper lässt die Leine locker, die COSCO EUROPE kommt herum. »Viel weiter hätt' er auch nicht gekonnt«, kommentiert Ibendahl, nur knapp 15 Meter sind es noch bis zur Uferböschung. »Steuerbord legen, langsam an, fünf Knoten«, tönt es aus dem Funkgerät, der Frachter manövriert wieder selbst, PETER sichert nur. Die gesamte Kommunikation und alle Radarbilder werden vom Hafenamt aufgezeichnet, damit das Geschehen im Unglücksfall nachverfolgt werden kann.

Die Schlepperbesatzung lebt während des Einsatzes wie eine WG. Eine Woche lang, von Mittwoch bis Mittwoch, haben sie Schicht, danach eine Woche frei. Mindestens zehn Stunden Ruhezeit pro Tag sind vorgeschrieben, maximal sechs bis sieben Schiffe können sie in 24 Stunden begleiten, auf bis zu 14 Stunden Fahrt und Wartungsarbeiten kommt die Crew täglich. Die drei Mann in einem Boot haben jeder eine sieben Quadratmeter große Kabine mit eigener Dusche und WC. Gegessen wird immer gemeinsam in der Messe. Karp kocht in der winzigen Kombüse für alle, »immer frisch, keine Dosen«, wie er betont. Jeder bringt Lebensmittel mit zum Einsatz, man spricht sich ab, die beiden Tiefkühlschränke in der Werkstatt sind voll mit Fleisch und Gemüse. In ihrer knapp bemessenen Freizeit sitzen die Männer vor dem eigenen Laptop oder dem Fernseher. Oftmals gehen sie auch an der frischen Luft spazieren, um sich zu bewegen – nie weit weg und immer mit Handy, denn der nächste Einsatz kann kurz bevorstehen. Die Einsatzzentrale am Schlepperponton Neumühlen ist rund um die Uhr besetzt, um eine reibungslose Einteilung ohne Wartezeiten zu garantieren. Die Schiffsmakler avisieren spätestens vier Stunden vor Ein- oder Auslaufen die erwartete Abfahrts- oder Ankunftszeit und bestätigen diese zwei Stunden vorher noch einmal. Die Einsatzverteilung verläuft nach dem Taxiprinzip, man reiht sich nach dem Einsatz wieder in die Warteschlange ein. Dabei wird aber auch die Stärke der einzelnen Schlepper berücksichtigt, um das für die Anforderung passende Kraftpaket zu stellen. Für Ausnahmesituationen, wie einen Maschinenausfall bei einem Containerfrachter, sind immer genügend Schlepper bereit, um sofort eingreifen zu können. Bekommt PETER einen Auftrag zugewiesen, holt sich Kapitän Ibendahl alle Daten, die er benötigt, per Computer über das Schiffsregister von Lloyd´s und verfolgt die aktuelle Position über Vesseltracker.

Die COSCO EUROPE ist klar zum Anlegen, vier Matrosen bereiten oben schon die Festmacherleinen vor. Der Lotse gibt an, wie vertäut werden soll: »Wir machen 4 + 2 fest, zuerst die Spring. PETER nimmt die Leine.« Ibendahl bestätigt das Kommando und lässt die Winde drehen, der zuvor gespannte Schleppdraht wird lockerer und hängt immer weiter durch. Oben löst ein Matrose die Vorleine, die klatschend ins Wasser fällt und von der Winde auf die Trommel gezogen wird. »PETER, klar zum Drücken!« Iberdahl dreht ab und fährt an der Seitenwand des Containerriesen Richtung Heck zum aufgemalten schwarzen Balken der Schleppermarke, wo die von der Bordwand abgescheuerte Farbe anzeigt, dass hier schon viele Schlepper gearbeitet haben. Mit dem Bug, der durch einen dicken Gummiüberzug gut gepolstert ist, drückt PETER den Frachter achtern an den Kai.

Die Motoren drehen noch mal richtig auf, der Schlepper zittert, das durch die Propeller aufgewühlte Wasser peitscht hinter PETER auf, mit voller Kraft wird gegen die Bordwand gedrückt. »Annageln« nennt Ibendahl das, er wird den Frachter so lange auf Position halten, bis die Festmacher die Leinen über die Poller gelegt haben. Rund 20 Minuten dauert das Festmachen, sechs Leinen am Bug, sechs achtern. Erst dann kommt das Kommando zum Loslassen. Kapitän Ibendahl setzt von der Bordwand zurück, der Lotse bedankt sich: »Jau, PETER, schöne Arbeit, guter Job!«

Es geht zurück zum Ponton in Neumühlen, in nur 30 Sekunden legt der Schlepper wieder an, eine Minute später sind die Leinen fest und der Landstrom angeschlossen. Zeit für das Mittagessen. Das Warten auf den nächsten Auftrag wird Ibendahl mit der theoretischen Vorbereitung auf das Schlepperballett verbringen, eine der Attraktionen beim Hamburger Hafengeburtstag im Mai. Das Ballett zeigt am besten, wie gefühlvoll Kapitäne wie Ibendahl mit ihren Schleppern umgehen können, die Kraftprotze wirken dabei nahezu elegant. Denn alle Kraft nützt nichts, wenn man sie nicht kontrollieren kann.

Wieder vertäut: Ruhezeit bis zum nächsten Einsatz.

Jörg Pollmann kennt jeden Punkt des 7236 Hektar großen Hafens.

Steuermann für alle Schiffe

Hamburgs Hafenkapitän und Leiter des Oberhafenamtes ist die oberste nautische Instanz von der Hafengrenze bei Tinsdal bis hin zu den Elbbrücken. Er ist verantwortlich für die Regelung nahezu aller Abläufe auf dem Wasser.

Jedes Hochseeschiff, das die Hansestadt anläuft, wird von Jörg Pollmann und seinen Mitarbeitern sicher in den Hafen gesteuert. Der 52-Jährige hat dafür gleich auf mehreren Brücken das Kommando, ihm unterstehen sechs Abteilungen von der Nautischen Zentrale über die Hafensicherheit und die Stelle für Grundsatzangelegenheiten bis hin zu den Hafenämtern Ost, Süd und West. Pollmann ist Vorgesetzter von rund 50 Mitarbeitern, dazu kommt weiteres Personal wie Techniker, Barkassenführer oder IT-Mitarbeiter, das nicht ihm direkt unterstellt ist, über das er aber bei Bedarf verfügen kann.

Der gebürtige Ostfriese aus Westrhauderfehn fuhr zunächst selbst zur See, machte 1981 sein Kapitänspatent und stand bis 1986 auf der Kommandobrücke von Stückgut- und Containerfrachtern. Danach kam Pollmann nach Hamburg, wurde Betriebsleiter einer Stauerei und übernahm anschließend die Leitung des ehemaligen Afrika-Terminals, als er 1993 von der Ausschreibung der Stelle des Hafenkapitäns erfuhr und sofort reagierte: »Eine solche Chance bekommt man nur einmal im Leben, auf so eine Stelle muss man sich bewerben. Ich habe mir nur zuerst nicht richtig vorstellen können, im Öffentlichen

Trotz modernster Computertechnik haben die Magnettäfelchen noch nicht ausgedient.

Dienst als Beamter zu arbeiten. Aber mein alter Chef hat damals gesagt: ›Wenn es dir nicht gefällt, dann komm zurück.‹ Also war ich auf der sicheren Seite.« Pollmann wurde unter den mehr als 80 Bewerbern ausgewählt, und der neue Job gefiel ihm richtig gut – bis auf die technische Einrichtung: »Damals hatte die IT im Oberhafenamt noch nicht so richtig Einzug gehalten, das haben wir schnell geändert und immer auf den neuesten Stand gebracht.«

Seit 1994 gewährleistet Hafenkapitän Pollmann mit seinen Teams nicht nur die Sicherheit des Hamburger Hafens, sondern achtet auch darauf, dass dieser für Reeder und Umschlagsbetriebe wirtschaftlich bleibt. Eine gewaltige Aufgabe, denn jedes Jahr fahren rund 12 000 Schiffe ein und aus, mit dem Verholen von einem der 320 Liegeplätze zu einem anderen fallen mehr als 30 000 Schiffsbewegungen an, die Pollmann und seine Leute überwachen: »Viele vergessen, dass Hamburg ein Universalhafen ist, wir fertigen hier Tanker, Massen- und Stückgutfrachter, RoRo-Schiffe, Autotransporter und Kreuzfahrtschiffe ab, dazu kommen noch die vier großen Containerterminals.« Trotz des gewaltigen Verkehrsaufkommens gibt es bislang aber nur zwei Anlässe, bei denen die Elbe abschnittsweise für entgegenkommende Schiffe gesperrt wird: die Flottenparade beim Hafengeburtstag und die Anläufe der QUEEN MARY 2.

Der Aufgabenbereich ist riesig, zu den zahlreichen Zuständigkeiten gehören die Erteilung von Genehmigungen, zum Beispiel für den Einsatz von Schwimmkränen oder der Katamaranfähren, die Kontrolle der Bausubstanz von Kaianlagen, die Festlegung und Prüfung von Sicherheitsstandards, die Zulassung von Barkassen und Partyschiffen oder die theoretische Ausbildung von Lotsanwärtern. Pollmann ist Vorsitzender der Lotsenaspiranten sowie der Prüfungskommissionen für Barkassen- und Schiffsführer. Seine Behörde, die zur Hamburg Port Authority gehört, wird auch gerufen, wenn ein Schiff wegen Sicherheitsmängeln nicht in See stechen darf oder ein Frachter überladen ist. Die Mitarbeiter müssen ständig auf dem aktuellen Stand der Technik sein, so dürfen mit bestimmten Geräten ausgerüstete Reedereien mit weniger Personal als bislang vorgeschrieben fahren. Die Behörde bearbeitet deren Anträge und prüft, ob die Voraussetzungen erfüllt sind. Auch die aktuelle Weltlage hat Pollmann im Blick, dabei ist für ihn vor allem eine vorausschauende Planung wichtig: »Nehmen wir das Beispiel von Schiffen, die nach den Zerstörungen im Atomkraftwerk Fukushima aus japanischen Häfen nach Hamburg kommen wollten. Da haben wir uns mit den betroffenen Behörden zusammengesetzt und vor den Anläufen überlegt: Wie gehen wir damit um, was müsste passieren, wenn tatsächlich eine erhöhte Strahlenbelastung festgestellt wird. Dann haben wir die nötigen Abläufe festgelegt.« Pollmann gehört dem Katastrophenstab an, der bei Notfällen im Hafen zusammentritt, hat aber auch angenehmere Aufgaben. Bei Erstanläufen von Kreuzfahrtschiffen, die in der Regel mit einem kleinen feierlichen Akt an Bord begangen werden, repräsentiert der Hafenkapitän die Hansestadt und überreicht dem Kapitän eine Plakette mit dem Admiralitätswappen des Hafens. Neben dem ständigen

Für jeden sichtbar:
Die Behörde verfügt über
eigene Barkassen.

Austausch aller Nordseehäfen untereinander, inklusive Besichtigungen der Anlagen vor Ort, reist Pollmann demnächst nach London zu einem Treffen der europäischen Hafenvertreter und nimmt an den Tagungen des weltweiten Verbandes der Hafenkapitäne teil, von denen die letzte in Australien stattfand.

Herzstück der Verkehrsregelung auf der Elbe ist die Nautische Zentrale am Bubendeyweg, in der je vier Mitarbeiter rund um die Uhr im Einsatz sind. Sämtliche Hochseeschiffe, Binnenschiffe ab 100 Meter Länge oder Schiffe mit Gefahrgut an Bord werden ab 50 Kilometer vor der Elbmündung bis zur Hamburger Landesgrenze am Tinsdal kontinuierlich verfolgt und mit einer Vorgangsnummer versehen. Von der Elbmündung bis zum vorgesehenen Liegeplatz werden in der Regel sechs Stunden Fahrzeit benötigt, für Pollmann ist die lange Elbpassage aber sogar ein Vorteil gegenüber den Häfen an der Küste: »Die Ladung ist in Hamburg schon tief im Landesinneren. Aus ökologischer und auch aus ökonomischer Sicht sollte die Ware immer so nah wie möglich an den Bestimmungsort kommen, und das sind fast 100 Kilometer Vorsprung gegenüber der

Küstenregion.« Alle in den Hafen ein- und auslaufenden Schiffe werden von einem Radarsystem erfasst und auf Bildschirmen mit dem Elbverlauf dargestellt. Die Nautiker können jeden einzelnen Punkt im gesamten Hafengebiet ansteuern und sich den jeweiligen Bildausschnitt vergrößert darstellen lassen. Insgesamt 13 Radarstationen liefern die Daten, die Schiffe sind durch ein doppeltes System von Mitlaufzeichen und Transpondersignalen gekennzeichnet. So können Pollmann und seine Mitarbeiter auf den Bildschirmen genau sehen, welches Schiff sich gerade wo auf der Elbe befindet: »Bei der Verkehrsablaufsteuerung liegt Hamburg weltweit in der Spitzengruppe. Wir haben ständig Hafenbetreiber aus der ganzen Welt zu Besuch, die sich die Technik anschauen und sich informieren wollen.«

Trotzdem gibt es in der Nautischen Zentrale immer noch etwas zu verbessern, gerade erst hat eine Arbeitsgruppe der Universität Hamburg eine Studie durchgeführt, um Arbeitsabläufe zu optimieren und Synergien zu schaffen. Außerdem soll die hochmoderne Technik durch eine Plattform namens PRISE (Port River Information System Elbe), die Informationen zu Schiffsanläufen, Abfertigung und Abgängen zusammenführt, noch effizienter werden. Pollmann schwebt eine Vernetzung der Nautischen Zentrale mit den Containerterminals der HHLA und von EUROGATE, Lotsen, Schleppern sowie Festmachern vor. Auch die Magnetkarte des Hafens, die eine ganze Wand einnimmt, soll durch eine elektronische Lösung ersetzt werden. Bislang werden die Schiffe an den Liegeplätzen mit Magnetclips gekennzeichnet, auf die Papierstreifen geklebt werden. Allerdings konnte noch niemand Pollmann eine elektronische Lösung präsentieren, die nicht zeitaufwendiger für die Nautiker gewesen wäre. Dass die Nautische Zentrale dafür umgebaut und mehr Platz geschaffen werden müsste, ist Pollmann recht, er möchte die Räume sowieso funktionaler gestalten. Für Innovationen ist der Hafenkapitän immer zu haben. Im Parkhafen wurde gerade probeweise eine erste eigene Videokamera installiert, um einen noch besseren Überblick über einzelne Bereiche und Liegeplätze zu bekommen: »Technisches oder menschliches Versagen kann man nie ausschließen, aber wir haben hier eines der sichersten Reviere der Welt.«

Für ein technisches Versagen der Systeme in der Nautischen Zentrale ist vorgesorgt: Falls es zu einem Komplettausfall kommt, steht eine Notzentrale mitten im Hafen bereit. Etwas kleiner als das Haus am Bubendeyweg, aber dafür voll digitalisiert und, darauf ist Pollmann stolz, sofort einsatzbereit: »Wir brauchen nur 30 Minuten, um alles von dort aus zu steuern. Und diese halbe Stunde ist nicht technisch bedingt, sondern das ist die Zeit, die das Personal benötigt, um dort hinzukommen.« Der gesamte Verkehr im Hafen wird von der Nautischen Zentrale aufgezeichnet, jede Position, jede Schiffsbewegung, dazu alle Funksprüche der gängigen UKW-Kanäle. Bei Havarien benutzt man diese Daten zur Klärung des Unfallhergangs und der Schuldfrage. Durch das System ist auch genau nachzuvollziehen, wie lange welches Schiff sich innerhalb der Hamburger Hafengrenzen aufgehalten hat. Diese Informationen gehen an die Hafengeldstelle, die daraufhin die fälligen Gebühren in Rechnung stellt, die jeweils pro 100 BRZ berechnet werden. Linienschiffe und Feeder im Nord- oder Ostseeverkehr werden mit 3,30 bis 6,50 Euro veranschlagt, Kreuzfahrtschiffe zahlen 21,60 Euro, weltweit fahrende Massengutschiffe 41,20 Euro, Öltanker 54,90 Euro. Die Kappungsgrenze liegt bei 100 000 BRZ, für ein Kreuzfahrtschiff wie die QUEEN MARY 2 wird also der Höchstwert von 21 600 Euro fällig.

Die immer größer werdende Tonnage ist für die Schiffslenker der Nautischen Zentrale eine stetig steigende Herausforderung, denn ab Glückstadt landeinwärts ist die Fahrrinne nur noch 300 Meter breit. Großschiffe von 365 Metern Länge und 51 Metern Breite oder mehr können, wenn sie diesen Punkt in Richtung Hamburg passiert haben, nicht mehr gestoppt werden oder gar umdrehen, ohne dass der Verkehr auf der Elbe zum Erliegen kommt. Zwar gibt es Ausweichmöglichkeiten und Notliegeplätze, falls der geplante Kai nicht angelaufen werden kann, weil sich das Löschen des vorherigen Frachters verzögert hat, kein Schlepper zur Verfügung steht oder ein Defekt vorliegt, aber aus bisherigen vereinzelten Anläufen dieser Containergiganten werden Regelfälle, erklärt der Hafenkapitän: »150 Schiffe dieser Größenordnung sind derzeit bei Werften bestellt oder bereits im Dienst, da kommt massiv was auf uns zu, denn das werden zukünftig die Rennpferde im Ostasienverkehr.« Deshalb hat Pollmann mit seinem Team zusammen mit den Hafenlotsen bereits Simulationen mit mathematischen Modellen durchgeführt, um herauszufinden, bis zu welcher Windstärke und bei welchen Tideverhältnissen selbst die riesigen neuen 14 000 TEU-Containerfrachter problemlos einlaufen können. Mit den Ergebnissen wurden Manöverstrategien erarbeitet und Grenzen festgelegt, ab denen Beschränkungen und andere Auflagen nötig werden. Aus Sicherheitsgründen ist derzeit die Gesamtpassagebreite bei zwei Schiffen auf addierte 90 Meter festgelegt, die Containerriesen dürfen so nicht aneinander vorbeifahren.

Damit die Elbe nicht immer öfter zur Einbahnstraße wird, wünscht sich der Hafenkapitän eine Fahrrinnenverbreiterung von 300 auf 320 Meter, ab der Hafengrenze Richtung Unterelbe auf sieben Kilometern zur Sicherheit sogar bis 385 Meter. Auch die vieldiskutierte Elbvertiefung von 13,50 auf 14,50 Meter hält Jörg Pollmann für dringend notwendig: »Wir müssen reagieren, die Reeder werden das nur noch eine bestimmte Zeit mitmachen, es geht um die Wirtschaftlichkeit der Containerschifffahrt.« Denn ein Meter mehr Tiefgang bedeutet ungefähr 10 000 Tonnen mehr Ladung bei jedem Anlauf. Das ist so viel, wie ein vollbeladenes Schiff der Größe der CAP SAN DIEGO fassen kann. Bedenken, dass bei einer Elbvertiefung Deiche aufgeweicht oder beschädigt werden und Risiken für die Menschen entlang der Elbe entstehen, hat der für die Sicherheit der Schifffahrt im Hamburger Hafen zuständige Vater von drei Kindern nicht: »Ich bin sicher, dass das funktioniert. Sehen Sie, ich wohne selbst im Alten Land hinter dem Deich. Meine Loyalität zu meinem Arbeitgeber ist sehr groß, aber sie reicht nicht so weit, dass ich meine Familie gefährden würde.«

Herr
der Hymnen

Das »Willkomm-Höft« im »Schulauer Fährhaus«
an der Elbe kurz vor den Toren Hamburgs
begrüßt und verabschiedet Schiffe mit ihren
Nationalhymnen und einem Flaggengruß.
In dieser Form ist die Schiffbegrüßungsanlage
weltweit einmalig, weshalb japanische Kapitäne
auf Landgang lieber nach Wedel als nach
St. Pauli fahren.

Es ist neblig über der Elbe, die nicht einmal einen Steinwurf entfernt von dem Fenster der kleinen Kabine an diesem Wintertag träge vorbeifließt. Das gegenüberliegende Ufer ist nur noch schemenhaft zu erkennen, es ist gerade Ebbe und kein Schiff in Sicht. Trotzdem sprüht Gerd Kruse vor guter Laune und freut sich über die zahlreichen Besucher, die zum Essen oder Kaffee trinken ins »Schulauer Fährhaus« kommen. Denn fast jeder steckt vor dem Restaurantbesuch kurz seine Nase in die nicht einmal zehn Quadratmeter große Kajüte auf dem Flur, in der die Technik der Schiffsbegrüßungsanlage untergebracht ist: »Wann wird das nächste Schiff erwartet?« Freundlich und kompetent gibt der 70-jährige Kruse Auskunft, er hat alle Daten parat, selbst wenn kein Schiff zu sehen ist. Denn er bekommt die voraussichtlichen Zeiten vom Hamburger Schiffsmeldedienst eine halbe Stunde vorher automatisch per E-Mail.

SCHULAUER FÄHRHAUS
WILLKOMM-HÖFT
welcome point

Das Restaurant »Schulauer Fährhaus« am »Willkomm Höft« ist ein beliebtes Ausflugsziel.

So einsam ist es nur bei Nebel:
Wann taucht das
nächste Schiff auf?

Seit dem 1. Januar 2003 ist Gerd Kruse einer der fünf Hobbykapitäne, ein Artikel im »Wedel-Schulauer Tageblatt« über das 50-jährige Jubiläum der Schiffsbegrüßungsanlage weckte sein Interesse. Ein Jahr später, Kruse war im Ruhestand unruhig geworden, bewarb er sich, führte Gespräche mit dem Dienstältesten und lief vier Wochen zur Ausbildung mit. Seitdem ist er fünfmal im Monat hier, gegen eine geringe Aufwandsentschädigung. Und arbeitet jedes Jahr Heiligabend, Dienstschluss 16 Uhr, sowie am Einlauftag des Hamburger Hafengeburtstags. Die Offiziersuniform wird vom Haus gestellt, bewusst wurden die drei Streifen gewählt, nicht vier wie ein Kapitän, denn »ein Patentinhaber würde sehr schnell merken, dass ich von vielen nautischen Dingen gar keine Ahnung habe«. Im Winter ist es etwas ruhiger, an Sommerwochenenden kommen mehr als 500 Besucher pro Tag. Busse aus ganz Deutschland stauen sich dann, um die einmalige Touristenattraktion zu bestaunen. Morgens erst zum Fischmarkt, danach zum »Schulauer Fährhaus«, auf der Terrasse Kaffee und Kuchen nehmen und »Pötte gucken«. Nicht nur Touristen, viele Kapitäne – insbesondere japanische – kommen vorbei, wenn sie in Hamburg Landgang haben.

Die weltweit einzige Anlage dieser Art war am 12. Juni 1952 vom ehemaligen Seniorchef des »Schulauer Fährhauses« Otto Friedrich Behnke »zur Freude der Seeleute und Völkerverständigung« gegründet worden, die nautische Kameradschaft HANSEA übernahm die Patenschaft. Zum ersten Mal schallte es über den Strom: »Willkommen in Hamburg, wir freuen uns, Sie in unserem Hafen begrüßen zu können.«

Zum Seemannsgruß wurde draußen die Flagge am 40 Meter hohen Mast gedippt – die Flagge der Hansestadt Hamburg und nicht die Nationalflagge des Landes, in dem das Schiff registriert ist. Ein weitverbreiteter Irrtum, dem selbst renommierte Reiseführer aufgesessen sind. Einzige Ausnahme bislang: Die QUEEN MARY 2, für deren Jungfernanlauf 2004 als besondere Ehre der Union Jack, die britische Nationalflagge, aufgezogen wurde. Dieser Julitag ging in die Annalen der Anlage ein, mehr als 10 000 Besucher säumten das Ufer, alles war schwarz vor Menschen, absoluter Rekordbesuch.

An ruhigen Tagen ziehen 15 bis 20 Schiffe auf der Elbe vorbei, der Rekord liegt bei 75 an einem Einlauftag des Hafengeburtstags, und natürlich hatte Gerd Kruse Dienst. Der 1,90-Meter-Hüne wird aber selbst bei Hochbetrieb nicht nervös, alle Abläufe sitzen, und innerhalb kürzester Zeit ist Kruse startklar. Zuerst erklingen als Ouvertüre die ersten Takte von »Steuermann, lass die Wacht« aus dem »Fliegenden Holländer«, danach die sonore Stimme des NDR-Reporters Herbert Rockmann mit Begrüßung oder Verabschiedung des Schiffes in Landessprache, beides im Computer gespeichert und auf Knopfdruck abspielbar. Gerd Kruse hat sich unterdessen das Mikrofon geschnappt und verkündet die Schiffsdaten, auf der Elbe schiebt sich die IDA RAMBOW in Richtung Hamburger Hafen, ein Containerfrachter von 147 Metern Länge und 11 000 gross tons. Die Daten liest Kruse ab, zuvor hat er in der alphabetisch geordneten Kartei aus rund 17 000 Karten den richtigen Karton herausgesucht. Einer seiner Kollegen hat alle diese Karten mit der Hand geschrieben, wird ein neues Schiff mit Kurs Hamburg gemeldet, ist

Säuberlich geordnet warten die Nationalflaggen auf das nächste zu begrüßende Schiff.

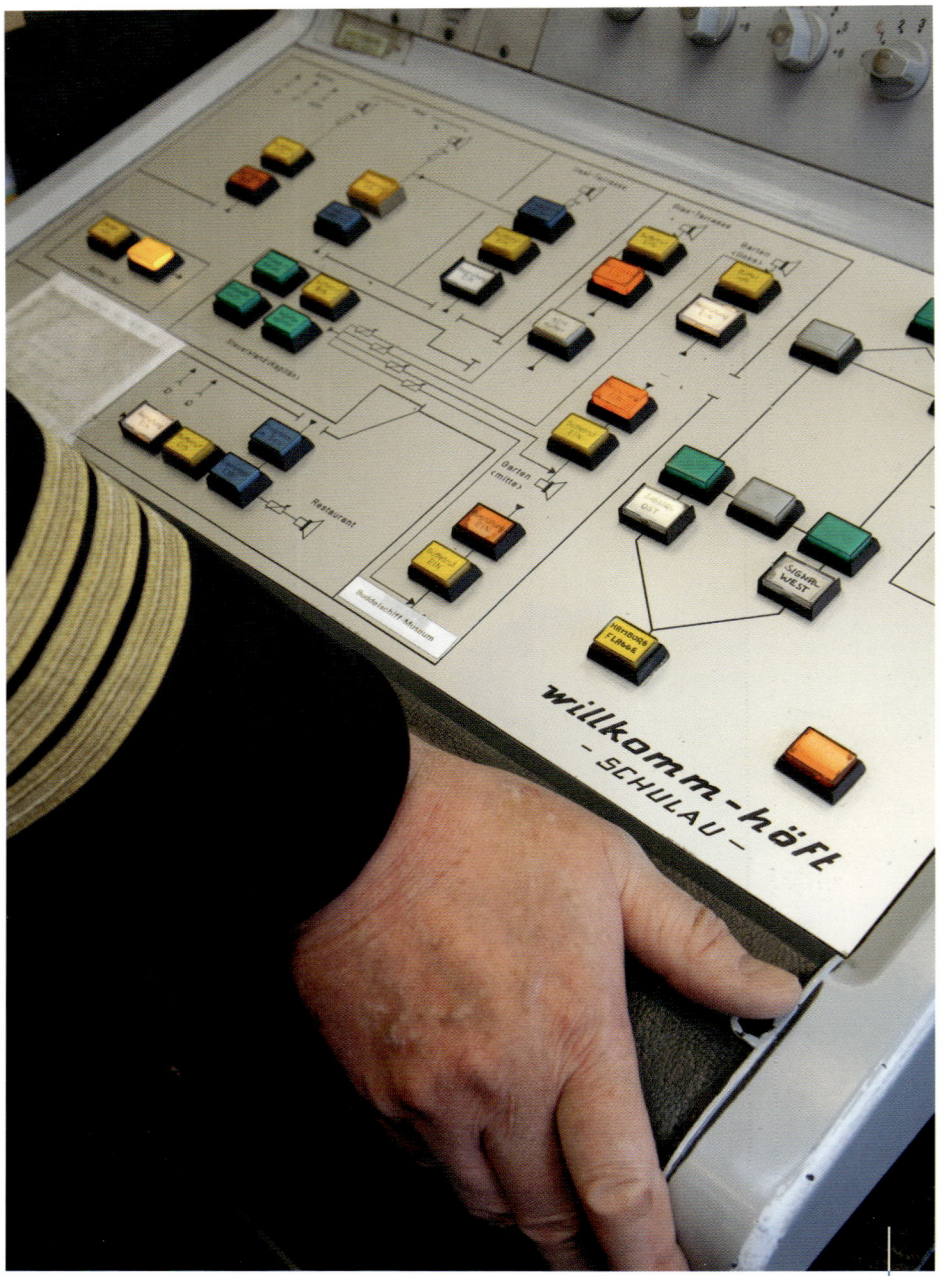

Ansagen und National-
hymnen werden vom
Schaltpult aus geregelt.

vorher bereits eine neue Karteikarte angelegt worden. Die Schiffsdaten kommen aus der »Deutsche Schifffahrtszeitung«, dem täglichen Hafenblick oder vom Schiffsregister bei Lloyd´s. Nach den Schiffsdaten ertönt die Nationalhymne des Registrierungslandes, meistgespielte Hymne ist die von Panama. Wegen der günstigen Bedingungen ist mittlerweile jedes sechste Schiff weltweit in dem zentralamerikanischen Staat registriert.

Alle 153 vorrätigen Nationalhymnen hat Kruse in mühevoller Arbeit geschnitten und digitalisiert, rund 500 Stunden hat das gedauert. Falls das Computerprogramm abstürzt, stehen ihm Musikkassetten zur Verfügung. Für den Notfall, wenn die Technik total versagt, gibt es eine Universalbegrüßung und die Ansage ohne Hymne, dieses Notszenario kommt schon manchmal vor. Überhaupt die Hymnen, zwei Anekdoten, auf norddeutsch Döntjes genannt, fallen Kruse dazu spontan ein: Jahrzehntelang wurde für dänische Schiffe die falsche Hymne gespielt. Denn Dänemark leistet sich den Luxus zweier Nationalhymnen, eine für die Mitglieder der Königsfamilie und eine für das Volk. Ein zufällig anwesender Diplomat wies die Schiffsbegrüßer darauf hin, als wieder einmal die falsche Weise erklang. Die korrekte Version war aber nirgendwo aufzutreiben, denn sie sollte blechgeblasen sein, wie alle anderen Hymnen in Schulau. Selbst die dänische Botschaft wurde kontaktiert, konnte aber zunächst nicht weiterhelfen. Ein halbes Jahr später kam dann ein Päckchen aus Kopenhagen, darin die gewünschte Hymne – extra eingespielt vom Musikkorps der Königin Margarete II. Und dann der Tag, als ein Schiff mit Heimathafen Ulan-Bator am Heck auftauchte, keine Hafenstadt, aber mit Schiffsregister. Also die Hymne der Mongolei raussuchen, aber Fehlanzeige, die war nicht vorhanden. Ein Besucher kam kurze Zeit später in die Kabine, erzählte von seinem kurz bevorstehenden Trip mit der Transsibirischen Eisenbahn bis nach China. Er bekam einen Auftrag mit: in Ulan-Bator aussteigen, die Nationalhymne kaufen. Ein paar Wochen später war auch die mongolische Hymne da.

Auch Sonderwünsche erfüllen die Schiffsbegrüßer, wenn sie können. So mochte der russische Kapitän des Kreuzfahrers MAXIM GORKI nicht die Hymne des Flaggenstaates Bahamas hören, sondern die russische Nationalhymne. Und es gibt immer wieder Überraschungen: Als der britische Flugzeugträger ARK ROYAL das »Willkomm-Höft« passierte und begrüßt wurde, ließ der Kommandant die Kapelle an Bord antreten und den Gruß mit der deutschen Nationalhymne erwidern. Das schönste Erlebnis war für Gerd Kruse aber das »Traumschiff-Treffen« im Jahre 2006. Nach dem Fest in der Hamburger HafenCity tauchten die Schiffe elbabwärts vor dem »Wilkomm Höft« auf: Vorweg der 1908 gebaute Museumsdampfer SCHARHÖRN, dann das schneeweiße ZDF-Traumschiff MS DEUTSCHLAND, danach die QUEEN MARY 2, »ein einzigartiger Anblick und nicht zu toppen«. Bei solchen Gelegenheiten träumt Gerd Kruse davon, mal wieder selbst auf Kreuzfahrt zu gehen. Das erste und einzige Mal führte ihn 1971 mit Neckermann auf der italienischen IRPINIA nach Spitzbergen. Das nächste Mal sollte dann aber schon etwas Besonderes sein, infrage kommen dann nur Traumschiff oder Königin.

Im Auftrag Ihrer Majestät

Ob Liegeplatzanmeldung, Schlepperbestellung, Verproviantierung oder Post für die Mannschaft – sie kümmern sich um nahezu alles, wenn ein Schiff Hamburg anläuft. Dabei sind sie rund um die Uhr abrufbereit und erledigen auch Spezialaufgaben.

Agenten haben einen spannenden Job: Sie müssen viele Informationen beschaffen, die nicht einfach zu erlangen sind. Sie benötigen eine gute Ausbildung, erstklassige Kontakte und ein hervorragendes Netzwerk. Das gilt für James Bond und ebenso für Schiffs- und Hafenagenten wie Florian Bethke. Der 36-Jährige, der für den alteingesessenen Schiffsmakler Sartori & Berger arbeitet, muss jederzeit schnell die richtige Lösung parat haben. Denn der Spezialist ist die Schnittstelle zwischen den jeweiligen Abteilungen der QUEEN MARY 2 und der Reederei Cunard Line sowie Behörden und Dienstleistern. Die wichtigsten Waffen des Topagenten, der im Jahre 2007 in Miami als einer der zehn weltweit Besten seines Fachs ausgezeichnet wurde, sind sind nicht nur sein Charme und ein entwaffnendes Lächeln, sondern insbesondere das Know-how, genau zu wissen, was in welcher Situation zu tun ist, selbst wenn ungewöhnliche Aufträge kommen oder unvorhersehbare Probleme auftreten.

Bereits lange vor dem Anlaufdatum der Königin der Meere beginnt für den gelernten Schifffahrtskaufmann die Arbeit. Zur Vorbereitung besorgt er sich über die Reederei,

Ein letzter Moment der Ruhe, bevor die QUEEN MARY 2 anlegt.

aus speziellen Internetdatenbanken und beim Lloyd's-Register alle technischen Daten des Schiffes. Kreuzfahrtreedereien legen ihren Fahrplan bereits mehr als ein Jahr im Voraus fest, die Planung für die folgenden Kataloge geht sogar bis zu drei Jahre vor dem Erscheinen los. Wenn die Reederei die gewünschte Ankunftszeit mitgeteilt hat, fragt Bethke beim Terminalbetreiber an, ob der vorgesehene Liegeplatz am Hamburg Cruise Center noch frei ist. Falls nicht, müssen Alternativvorschläge eingeholt werden, manchmal wird auch noch mit anderen Reedereien verhandelt, ob diese mit ihrem kleineren Schiff nicht auf einen anderen Liegeplatz ausweichen können. Bei Schiffen wie der QUEEN MARY 2 mit einem Tiefgang von mehr als zehn Metern muss zudem das Tidenfenster beachtet werden, denn der Wasserstand der Elbe ist gezeitenabhängig. Aus Sicherheitsgründen muss bei der Fahrt über den Alten Elbtunnel an den Landungsbrücken mindestens noch ein Meter Wasser unter dem Kiel sein. Wenn die errechneten Zeiten nicht eingehalten werden können, müssen Ozeanriesen außerhalb der Elbe auf dem Meer ankern, bis sie auf den Flutwellen quasi in den Hamburger Hafen surfen können.

Bevor das Schiff da ist, ist die meiste Arbeit bereits getan.

**Funkgerät und
Handy sind
ständig im Einsatz.**

Ist der Liegeplatz reserviert, geht Bethke an die Kalkulation der Kosten, die auf die Reederei zukommen. Dafür muss er bei der Auftragsvergabe von der Reederei wissen, ob die Hansestadt Durchgangs- oder Zielhafen ist, denn davon hängt ab, wie hoch der Passagierwechsel ist. In die Kalkulation fließen viele Posten ein: Die Liegegebühren im Hamburger Hafen richten sich nach Schiffstyp, Tonnage und Fahrtgebiet. Überseeanläufe werden höher belastet als regionaler Verkehr. Neben der von der EU vorgeschriebenen Umweltabgabe und der kostenpflichtigen Ausnahmegenehmgung für alle Schiffe von mehr als 300 Metern Länge und/oder 45 Metern Breite kommen noch Kaigebühren nach dem Hamburger Kaitarif von 3,25 Euro pro 100 BRZ pro angefangene 24 Stunden dazu. Zu den Terminalkosten gehören die Gebühren für Gebäudenutzung, Gangways, Sicherheitskräfte und -anlagen sowie die Gepäckabfertigung. Kräne, Gabelstapler, Stauer und Lascher für die Ladung, Porter, die Passagieren das Gepäck tragen, kommen ebenso auf die Rechnung wie Festmacher, Schlepper und Lotsen. Bis zum

Anlegen sind drei verschiedene Lotsen nötig, der Seelotse begleitet den Liner ab dem Feuerzeichen Elbe 1 bis Brunsbüttel, wo der Elblotse für die verbleibenden 50 der rund 80 Seemeilen lange Elbpassage bis zur Hamburger Hafengrenze zusteigt. Dort, kurz nach Wedel bei Teufelsbrück am Tinsdal, übernimmt der Hafenlotse und bringt das Schiff an seinen vorgesehenen Liegeplatz. Jede der drei Lotsenbrüderschaften bekommt für ihre Arbeit Gebühren, und wegen ihrer Größe muss die QUEEN MARY 2 durchgehend mit zwei Lotsen besetzt sein. Allein das Lotsgeld für eine Elbpassage beläuft sich inklusive Lotsabgabe, die der Staat für die Erhaltung des Seeweges sowie die Wartung von Bojen, Lotsfeuer und Radaranlagen erhebt, auf rund 13 000 Euro. Schlepper werden dagegen nur bestellt, wenn der Kapitän es ausdrücklich wünscht, denn die QUEEN MARY 2 ist mit ihren modernen Pods sehr manövrierfähig und kann sich nahezu auf der Stelle um ihre eigene Achse drehen. Nur beim Ein- und Ausdocken während Werftaufenthalten ist mindestens ein Schlepper mit 45 Tonnen Pfahlzug vorgeschrieben. Immer bestellt werden dagegen die Festmacher für die acht dicken Trossen, mit denen der Liner an den Pollern vertäut ist. Alles in allem können sich die reinen Anlaufkosten und -gebühren bei Schiffen wie Großtankern, Container- oder Kreuzfahrtriesen schnell auf mehr als 100 000 Euro summieren.

Neben Bestellung und Koordination von Dienstleistern kümmert sich der Hafenagent insbesondere um die Anmeldung des Schiffes bei allen Behörden. Steht ein Crewwechsel an, so werden bei der deutschen Botschaft im jeweiligen Heimatland Visa für die neuen Besatzungsmitglieder beantragt. Bis zu 80 Mann steigen bei den Anläufen der QUEEN MARY 2 regelmäßig in Hamburg ein und aus, Florian Bethke sorgt für ihren Transfer zum Flughafen und kümmert sich auch um Untersuchungstermine bei Ärzten, wenn das Bordhospital nicht helfen kann. Spätestens 24 Stunden vor dem Erreichen der deutschen Hoheitsgewässer muss das dafür vorgeschriebene Formular losgeschickt werden, Crew- und Passagierlisten gehen an die Wasserschutzpolizei, eine »Müllerklärung« der zu entsorgenden Abfälle wird abgegeben, und Zoll, Nautische Zentrale, Lotsen sowie Schiffsmeldedienst werden verständigt. Den Kontakt zum Schiff und der Reederei hält der Hafenagent via E-Mail, rund 1500 elektronische Mitteilungen gehen pro Anlauf hin und her, Amtssprache ist Englisch. Dazu kommen mehrere Hundert Telefonate mit Behörden und Dienstleistern. In der heißen Phase, eine Woche vor dem Anlauf, nimmt die Arbeitsbelastung deutlich zu, Bethke wird dann von bis zu zwei Kollegen unterstützt.

Am Anlauftag geht der Agent gemeinsam mit dem Zoll und der Wasserschutzpolizei als Erster an Bord. Oft früh morgens, denn Kreuzfahrtschiffe legen möglichst noch vor dem Frühstück an, damit die Passagiere tagsüber genügend Zeit für Ausflüge haben. Manchmal fährt er der QUEEN MARY 2 auch entgegen und setzt mitten in der Nacht vor Cuxhaven mit dem Lotsenboot über. An diesen Tagen ist Bethke 36 Stunden ununterbrochen auf den Beinen, sein Handy ist mit einem extradicken Akku ausgerüstet, trotzdem muss es mehrfach aufgeladen werden, weil es tagsüber ständig klingelt.

An Bord der QUEEN MARY 2 angekommen, werden zunächst die Zollpapiere ausgefüllt, das Schiff »einklariert«, danach Pässe kontrolliert sowie gestempelt. Gemeinsam mit dem Zahlmeister und seinem Team wird der gesamte Tagesablauf durchgegangen und besprochen, was noch benötigt wird.

Irgendetwas muss immer organisiert werden, weil Geräte kaputtgegangen sind und Ersatzteile fehlen, oder Gästen Sonderwünsche erfüllt werden sollen. 1000 deutsche Bratwürste für den kurzfristig anberaumten »Bayrischen Abend«, zwölf Liter Ziegenmilch für einen Passagier mit Allergien, Blätter für eine industrielle Fleischbandsäge oder ein Klavierstimmer – kein Problem für den versierten Agenten. Auf die Schnelle schwierig zu besorgen sind die eher einfach erscheinenden Dinge wie Papier. Wenn es denn das gängige US-Format sein soll, das, genau wie die dazupassenden Locher, andere Maße als die DIN-Norm hat. Oder nachzumachende Schlüssel, wenn Schiffe in Korea oder Japan gebaut wurden, denn asiatische Schlösser haben eine andere Stärke, und passende Rohlinge müssen erst im Ausland bestellt werden.

Wenn die QUEEN MARY 2 in Hamburg anlegt, warten die bestellten Dienstleister bereits am Kai. Jeder von ihnen hat sich zuvor bei Florian Bethke anmelden müssen, um überhaupt Zugang zum Sperrgebiet rund um das Schiff zu bekommen. Die sogenannte ISPS-Zone (International Ship and Port Facility Security) wurde als Konsequenz aus den Anschlägen vom 11. September 2001 weltweit eingeführt. Seit 2004 sind auch in Europa zuvor frei zugängliche Hafenanlagen gesichert, und nur noch registrierte Personen bekommen Zugang zu den Schiffen. Sobald die QUEEN MARY 2 von Zoll und Polizei freigegeben wurde und damit alle behördlichen Maßnahmen abgeschlossen sind, dürfen die Dienstleister an Bord und die ersten Passagiere an Land.

Jetzt beginnen für den Hafenagenten, der alle Bestellungen und Personen koordinieren muss, lange Wege: Bethke eilt über dicke Teppiche in der Grand Lobby, durch die langen Gänge des Crewbereichs, zum Terminal, wieder über die Gangway, durch das Britannia Restaurant in die Hauptküche, über das Treppenhaus hoch zur Brücke auf Deck 12, dann runter in den Maschinenkontrollraum zum Chefingenieur. Das Handy in der einen, das Bordfunkgerät in der anderen Hand. Der Kurier, der die 1000 Bratwürste bringt, möchte eine Unterschrift. Besatzungsmitglieder finden ihren Bus nicht. Ein philippinisches Crewmitglied braucht kurzfristig ein Visum. Ein Ersatzteil für die Wasseraufbereitungsanlage wird angeliefert, der Klavierstimmer muss in den Queens Room gebracht werden, Zeitungen und Bücher für die Buchhandlung sind eingetroffen. Bethke organisiert, findet die richtigen Ansprechpartner an Bord und packt mit an. Die Schuten der Entsorgungsfirmen gehen längsseits, Altöl soll abgepumpt werden, Müll wird zur Verbrennungsanlage gebracht, das Schwarzwasser mit Fäkalien zur Kläranlage. Frischwasser wird über einen dicken Schlauch in die Tanks gepumpt, 1600 Kubikmeter, also 1,6 Millionen Liter Wasser, hat das Schiff dieses Mal bestellt.

Die Ruhe vor dem Ansturm: Bei einem Passagierwechsel
sind inklusive Mannschaft und Dienstleistern mehr
als 5000 Menschen rund um das Terminal unterwegs.

Auf Kreuzfahrtschiffe geht Florian Bethke nur im feinen Zwirn, bei Frachtern oder gar Tankern ist dagegen eine Sicherheitsausrüstung mit Arbeitsschuhen, groben Jacken, säurebeständigen Handschuhen und bisweilen sogar Schutzhelm vorgeschrieben. Für ihn ist jeder Anlauf eine Herausforderung, auch wenn er das Schiff seit Jahren kennt. Denn es kann immer etwas vorkommen, was selbst der erfahrene Bethke noch nicht erlebt hat. Da gehören abgesagte Anläufe wegen zu starken Windes wie bei der QUEEN ELIZABETH 2 im Jahre 2008 eher zur Routine. Wegen der großen Angriffsfläche dürfen Schiffe dieser Größe den Hafen nur bis zu einer konstanten Windgeschwindigkeit von sieben Beaufort anlaufen. Für Bethke bedeutete das, alle Dienstleistungen abzusagen, die aus Asien angereisten Crewmitglieder in Hotels unterzubringen und die Weiterreise zu organisieren sowie Container mit bestellten Ersatzteilen in den nächsten Anlaufhafen umzudirigieren. Aber auch bei planmäßigen Anläufen, so findet Bethke, ist sein Beruf einer der spannendsten im Hafen. Denn neben seinen vielfältigen Kontakten lernt er alle betreuten Schiffe ausführlich kennen und kommt in alle Bereiche, deren Zugang ansonsten strikt limitiert ist. Und er weiß als Erster, wann die Cunard-Queens in den nächsten Jahren nach Hamburg kommen werden. Aber diese Informationen hält der Agent Ihrer Majestät bis zur offiziellen Bekanntgabe durch die Reederei natürlich geheim.

Mit Hubwagen und Gabelstaplern werden die Früchte aus dem Bauch des Schiffes geholt.

Ballerinas, die mit drei Milliarden Bananen tanzen

Während noch vor 20 Jahren Bananen-kartons überwiegend einzeln mit der Hand verladen wurden, ist heute mit dem Hamburger Fruchtzentrum einer der modernsten Umschlagplätze der Branche in Betrieb. Das Lagersystem arbeitet vollautomatisch und die Ware wird mit Kühl-Lkws bis in die Ukraine und nach Skandinavien gebracht.

Jan Haase isst noch immer gern Bananen, obwohl er sie jeden Arbeitstag sieht und riecht. Und das mehr als genug: Allein im vergangenen Jahr wurden gut drei Milliarden Bananen im Fruchtzentrum der HHLA am O´Swaldkai umgeschlagen, das entspricht über 650 000 Tonnen der krummen Früchtchen. Dazu kommen noch 100 000 Tonnen andere Obstsorten wie Ananas, Zitronen, Trauben, Äpfel sowie Kartoffeln. Das Hamburger Fruchtzentrum gehört zu den modernsten weltweit, und Haase ist verantwortlich für das gesamte Terminal. Der 31-jährige Betriebswirt, der bereits während des Studiums bei der HHLA arbeitete, saß als Vertreter des Bauherren in der 40-köpfigen Projektgruppe für den rund 35 Millionen Euro teuren Neubau und begleitete die gesamte Arbeit bis zur Einweihung: »Ich habe damals vor einem weißen Blatt Papier gesessen und überlegt, was wir eigentlich alles brauchen. Die Anlage in Antwerpen hat dabei als Muster gedient. Wir haben dann unsere eigenen Anforderungen formuliert und geschaut, was wir optimieren können.«

Vier Paletten à 48 Kartons passen in den Hubkäfig – das sind rund 19 200 Bananen; der durchschnittliche Jahresbedarf von 37 Deutschen.

Antwerpen ist der größte Umschlagplatz für Bananen in Europa, Hamburg liegt an zweiter Stelle. Der Blick hinter die Kulissen der Anlage des Marktführers wurde erlaubt, weil die belgische Firma BNFW im Rahmen einer strategischen Partnerschaft an der HHLA-Frucht- und Kühlzentrum GmbH mit 49 Prozent beteiligt ist. Nach zweijähriger Planungs- und Bauphase ging die 145 Meter lange, 120 Meter breite und 22 Meter hohe Halle im Sommer 2009 in Betrieb. Hier werden ausschließlich Bananen gelagert, in vier Kühlkammern mit Hochregalen ist Platz für insgesamt 8188 Paletten. Auf jede Palette passen 48 Kartons à 20 Kilogramm, das entspricht etwa 100 Bananen pro Karton. Die alte Halle gleich gegenüber verfügt sogar über 20 000 Palettenstellplätze. Hier lagern alle angelieferten Fruchtarten, denn die Kühlkammern sind unterteilt, je nachdem welche Temperatur für die jeweilige Frucht am besten ist: Äpfel und Trauben lagern bei −0,5 bis 2 °C, Ananas bei 8 °C, Bananen bei knapp 14 °C. Die angelieferten Bananen gehören alle zur Sorte »Cavendish«, je nach Qualität haben die einzelnen Importeure aber unterschiedliche Markenklassen, unter deren Namen sie die Früchte verkaufen.

Deutschland zählt beim Bananenkonsum mit mehr als 12 Kilogramm pro Kopf und Jahr zur Weltspitze, jede Woche kommen im regelmäßigen Liniendienst drei Schiffe mit Früchten aus Costa Rica, Ecuador und Kolumbien nach Hamburg. Ecuador ist weltweit der größte Exporteur von Bananen, was auch einen weiteren Industriezweig nach sich zieht: Dort steht eine der größten Kartonfabriken der Welt, 275 Millionen Bananenkartons werden jedes Jahr in dem kleinen südamerikanischen Staat hergestellt. Aus Ecuador, dem Hafen Guayaquil, ist die ATLANTIC REEFER nach 18-tägiger Reise an den Kai des Fruchtzentrums gekommen. Das mit 10 991 BRZ vermessene Kühlschiff hat vorher bereits in Dover einen Teil der Ladung gelöscht, jetzt sind noch 1782 Paletten und 92 700 Kartons lose Ware an Bord. Diese Kartons, die mit der Hand entladen werden, sind der Grund dafür, dass noch einige der letzten Stauer hier im Fruchtzentrum arbeiten. Der Traditionsberuf ist im Hafen nahezu ausgestorben.

Noch 1960 wurden einzelne Stauden mit der Hand entladen und auf den Rücken der Stauer direkt auf den Lkw oder in Bahnwaggons gebracht. Ende der 1980er-Jahre wurde die Arbeit erleichtert durch Elevatoren genannte Förderbänder, mit denen Bananenkartons aus dem Schiffsbauch auf Palettiermaschinen transportiert wurden. Michael Witt, der sein ganzes Berufsleben bei der HHLA verbracht hat und seit mehr als 20 Jahren »in der Banane« ist, erinnert sich trotzdem an lange, strapaziöse Schichten: »Wir haben damals montags von der Frühschicht bis Mittwoch zur Spätschicht durchgearbeitet und dabei nur lose gelöscht. Da waren bis zu 200 000 Kartons im Schiff – alle mussten mit der Hand bewegt werden. Eine Gang von zehn Mann schaffte so um die 15 000 Kartons pro Schicht.« Man sieht dem stämmigen 56-Jährigen noch heute an, dass er früher selbst als Stauer angepackt hat. Michel, wie er von aller hier genannt wird, ist heute Stellenleiter und plant die Entladung und den Einsatz von Arbeitern und Maschinen: »Das ist nicht mehr zu vergleichen, die Arbeit ist völlig anders geworden als früher auf Schuppen 42. Da brauchte man kein großes Lager, die Ware ging direkt weiter zum Transport. Ich hab wie viele Alte hier einen kaputten Rücken, das bleibt halt nicht aus. Dagegen ist das heute angenehme Arbeit und zum Glück nicht mehr der Knochenjob, der es mal war.«

Heute werden die Schiffe mit Gabelstaplern und Hubwagen entladen, jeweils vier Paletten werden in einen Löschkorb aus Stahl gefahren, den dann ein Kran aus dem Schiffsinneren hebt. Mit viel Gefühl setzen die Kranfahrer den Löschkorb in einer runden Bewegung sanft auf den Kai. Über Funk und Lautsprecher sind sie mit einem Einweiser an Bord verbunden. An der Spitze des Kranauslegers ist zwar eine Kamera angebracht, aber in den bis zu vier Ladedecks tiefen Bauch des Schiffes kann der Kranfahrer nicht sehen, er verlässt sich auf die Handzeichen des Einweisers, der oben an Deck steht. Für die Arbeiter in der Luke bleibt da nicht viel Platz, oftmals haben sie nur einen knappen Meter zum Manövrieren. Auf dem Kai nehmen Gabelstapler die eine Tonne wiegenden Paletten auf, die auf zwei Seiten mit einem Barcode gekennzeichnet sind. Im Vorfeld

Im vollautomatisierten Hochlager werden die Paletten mit den Früchten zum Weitertransport abgerufen.

der Lieferung bekommt das Fruchtzentrum vom Importeur ein Datenmanifest geliefert, das in das Warenhaussystem des Computers eingelesen wird. Taucht eine Palette auf, deren Barcode nicht auf dieser Liste steht, so wird sie ausgesondert und geprüft – es könnte Schmuggelware enthalten sein. Die Gabelstapler flitzen mit den Paletten durch mit Lichtschranken gesteuerte Rolltore in die Halle zur Aufgabestation, ein Gewusel wie zur Hauptverkehrszeit am Pariser Place de la Concorde. Für Fußgänger nicht ganz ungefährlich, hier ist Augenkontakt mit dem Fahrer wichtig.

In der Aufgabestation werden die Holzpaletten mit den Früchten auf Plastikpaletten des Fruchtzentrums gestellt, die mit einem RFID-Chip versehen sind. Dieser wird mit dem Barcode der Palette »verheiratet«, das heißt mit allen darauf enthaltenen Daten versehen. Ab hier verfolgt der Computer nur noch anhand des Chips, wo sich die Palette befindet. Diese kommt als Nächstes per Förderband zur Wareneingangskontrolle. Fällt den Prüfern unter den grünen Bananen eine gelbe, also vorzeitig gereifte Frucht auf, so muss der ganze Karton entfernt werden, weil sonst alle Bananen dieser Palette vor der geplanten Zeit reifen könnten. Denn die reifende Frucht produziert den auch Bananengas genannten Stoff Ethylen, der sowohl die Umwandlung von Stärke in Fruchtzucker als auch die der Schalenfarbe von Grün zu Gelb beschleunigt. Unter ein Prozent aller Bananen erreicht das Fruchtzentrum mit gelber Schale. Die entsprechenden Kartons dürfen den Vorschriften nach nicht von den Arbeitern mitgenommen, sondern müssen unter Zollverschluss vernichtet werden, drei Euro Zoll fallen ansonsten für jeden Karton an. Bei jeder vierten Palette wird die Temperatur gemessen und in den Chip eingelesen. Im Sommer bereiten selbst 35 °C Außentemperatur auf dem Kai keine Schwierigkeiten, denn die Ware ist innerhalb von zwei Minuten vom Schiff in der Kühlhalle. – 10 °C bei starkem Wind sind dagegen schon ein Problem, weil die Bananen dann erfrieren könnten. In diesem Fall muss der Importeur eine Freigabe unterzeichnen. Es wird außerdem geprüft, ob Holzpalette oder Kartons beim Seetransport beschädigt wurden. Ist dies der Fall, so wird die betreffende Palette ausgesteuert und im sogenannten Rekonditionierungsbereich ausgetauscht und neu verpackt. Grund für den nötigen Austausch sind meist falsch gestaute Paletten, die durch Seegang in Bewegung geraten sind und dabei Kartons beschädigt haben.

Alle unbeschädigten Paletten werden auf Förderbändern in eine der vier Kühlkammern weitergeleitet. Der Computer erkennt, wo Stellplätze frei sind in den Hochregalen, die bis zu fünf Paletten übereinander aufnehmen können; auch ermittelt er den kürzesten Weg für die vollautomatischen Regalbediengeräte, die auf Schienen laufen. Die insgesamt acht Geräte, zwei pro Kühlkammer, verfügen links und rechts über einen Auslegerarm und können so Regale auf beiden Seiten bedienen. Das moderne Warenhaussystem per Computer macht es möglich, unter allen knapp 8200 Paletten in der Halle eine bestimmte abzurufen. Dies ist nach dem Gesetz zur Lebensmittelrückverfolgbarkeit auch nötig, denn das verpflichtet dazu, die Ware immer einen Schritt nach vorn

An der Aufgabestation
bekommt jede Palette
einen RFID-Chip verpasst.

und einen nach hinten nachverfolgen zu können. Für das Fruchtzentrum heißt das: Welches Schiff hat die Bananen angeliefert, welcher Lkw die Früchte abgeholt? So kann Jan Haase zum Beispiel bei einer Beanstandung eines Lebensmittelkontrolleurs, der in einem süddeutschen Supermarkt hohe Pestizidrückstände bei einer Banane festgestellt hat, genau nachverfolgen, woher sie stammt: »Vor fünf Jahren war die Rückverfolgbarkeit der Daten noch in den Kinderschuhen, da gab es für jeden Transport noch Ladepapiere. Dann musste man nach einer bestimmten Charge erst mal suchen. Wenn man heute fünf Paletten von einem bestimmten Farmer haben möchte, weiß der Computer genau, wo die stehen oder wer sie abgeholt hat.«

Bevor der Neubau mit seinem vollautomatischen System in Betrieb genommen wurde, konnten in einer achtstündigen Schicht 1250 Paletten entladen und eingelagert werden, die maximale Löschmenge der vier Elevatoren. Heute schafft man 3000 Paletten und braucht dafür weniger Personal, trotzdem sind laut Haase durch die Automatisierung keine Arbeitsplätze weggefallen: »Das war eine Erweiterungsinvestition, wir haben die Leute aus- und weitergebildet, denn das gesamte Geschäft ist schneller geworden. Die Fahrpläne der Schiffe sind straffer und die An- und Ablegezeiten kürzer, also musste auch das Entladen schneller werden. Wir müssen immer in der Lage sein, viel Ladung in kurzer Zeit abzufertigen.« Wenn es sein muss, im Drei-Schicht-System, rund um die

Ein Tänzchen mit den Bananen: Die vollautomatischen Ballerinas wirbeln um die eigene Achse, um die Früchte in die Transporthalle zu schaffen.

Uhr. Hier sind nach wie vor rund 85 HHLA-Mitarbeiter am Werk, und täglich kommen von Fremdfirmen bis zu 75 weitere Arbeiter dazu.

Heute hat die Entladung um 4.00 Uhr angefangen, bis 22.00 Uhr wird gelöscht, um 1.00 Uhr soll die ATLANTIC REEFER wieder ablegen. Montags bis mittwochs kommen die Linienschiffe, Donnerstag und Freitag Landanfuhren, meist Kühlcontainer, die in anderen Hafenbereichen entladen wurden. Dabei nutzen die Importeure in der Regel lieber kleinere Kühlschiffe im Liniendienst statt großer Containerschiffe, wo sie nur einen Bruchteil der Ladung stellen, denn Pünktlichkeit ist ein entscheidender Faktor, sagt Jan Haase: »Bei Frucht zählt just in time. Kommt das Schiff zwei Tage zu spät, ist man raus aus dem Geschäft, die Ware ist verdorben oder ein Konkurrent hat den Auftrag zur Lieferung ergattert.«

Der Importeur entscheidet, wann welche Ware verkauft wird, der Empfänger, wann er sie abholen lässt. Gleich nebenan betreibt die Handelskette EDEKA eine Reiferei und zählt zu den großen Abnehmern. Aber die Bananen aus Hamburg werden auch bis nach Skandinavien und in die Ukraine gebracht. Zwei Tage beträgt die durchschnittliche Lagerzeit im Kühlzentrum, bis die Ware abgerufen wird. Die Lkw-Fahrer, die mit ihren Transportern auf dem großen Parkplatz vor der Anlage warten, werden an eine der Ladeboxen gerufen, wenn sie an der Reihe sind. Die Regalbediengeräte holen die vom Computer angegebenen Paletten und bringen sie zu einem Förderband am Hallenausgang. Dabei wird darauf geachtet, dass beide Arme belegt sind. Denn auf einen Lkw passen 24 Paletten, und so muss das Regalbediengerät nur zwölfmal hin- und herfahren. Am Ausgang drehen sich vollautomatische Gabelstapleranlagen und nehmen die Paletten vom Förderband hinüber in die Ladehalle. Die Anlagen werden »Ballerinas« genannt, weil sie sich ursprünglich in Antwerpen mit ihren Auslegern um 180 Grad drehten – genau wie eine Balletttänzerin mit ausgestreckten Armen. In Hamburg wurden die »Ballerinas« modifiziert, so können statt einer Ausgabe gleich zwei Plätze parallel mit Paletten belegt werden.

Bis zu 150 Lkw werden in der neuen Anlage pro Tag beladen, sie bringen die Bananen zu den Reifekammern der Warenbesteller. Dort reguliert ein Reifemeister mit dem Computer Temperatur, Luftfeuchtigkeit und die Zufuhr von Ethylen. So wird der Reifeprozess auf den Tag genau gesteuert, sodass die vorbestimmte Menge Bananen die Kammern in dem Zustand verlässt, den sich die Verbraucher wünschen. Die Skala ist in sieben Reifegrade eingeteilt, Deutsche kaufen am liebsten die Stufen 3 und 4, das bedeutet, die Schale ist mehr gelb als grün. Die künstliche Reifung kann zwischen vier und sieben Tage dauern, der natürliche Prozess dauert zwölf Tage. Und die bei der Wareneingangskontrolle eigentlich unerwünschte organische Reifung ist der Grund dafür, warum Jan Haase die gelben Früchte noch immer gern isst: »Der Geschmack ist ganz anders als bei einer Banane aus dem Supermarkt – viel intensiver.«

Männer mit zehn Augen

Wenn Männer in Neopren und mit Spezialhelm in die Elbe gehen, dann gehen sie einer Sache auf den Grund. Es sind hoch qualifizierte Spezialisten, denn die Arbeit ist anstrengend und schwierig, schon kleine Fehler können sie in lebensgefährliche Situationen bringen. Und die Bedingungen sind alles andere als einfach, meistens arbeiten sie in nahezu völliger Dunkelheit.

Trüb und braun schwappt der Fluss gegen den Schwimmponton. Es riecht nach Metall, Rost, Gummi und Diesel, mit romantischer Elbidylle hat das hier auf der Baustelle für die neue U-Bahn-Linie 4 wenig zu tun. Fast zähflüssig gleitet der Flussausläufer in dieser kleinen Bucht auf die Uferbefestigung zu. In der Tiefe dieser Brühe ist absolut nichts zu erkennen; nur ein paar Luftblasen, die an die Oberfläche perlen, zeigen an, dass unter Wasser etwas geschieht. Und auch ein paar bunte Schläuche, die knapp unter der Wasseroberfläche aus den Augen verschwinden, bewegen sich. Oberhalb der Wasserlinie führen die Schläuche zu dem Ponton, auf dem zwei Männer das Geschehen aufmerksam beobachten. »Klar zum Auftauchen!«, brüllt einer der beiden in eine gelbe Box an Deck. »Alles klar«, tönt es blechern verzerrt zurück. Per Handzeichen gibt der andere einem Kranführer auf dem Ponton nebenan Anweisungen, und die Seilwinde des Krans rotiert, bis ein mächtiger Stahlhaken aus dem Wasser kommt. An diesem hängt ein Metallkorb, der dem darin stehenden Mann im unförmigen Vollgummianzug mit Handschuhen und riesigem Helm auf dem Kopf bis zur Hüfte geht.

Die Berufstaucher im Hamburger Hafen arbeiten immer in einer Dreiergruppe: ein Signalmann und zwei Taucher, von denen einer an Land sichert und der andere in den Einsatz unter Wasser geht. Der Signalmann hilft beim Anlegen von Anzug und Helm, hält
über eine Signalleine Verbindung, achtet darauf, dass sich die Atemschläuche nicht ver-
heddern und passt auf die ständige Luftzufuhr auf. Zwei Schläuche sind über Ventile
mit dem Anzug verbunden, wie an einer Nabelschnur ist der Taucher abhängig von der
Versorgung mit der darüber einströmenden Atemluft. Auch die Glasscheibe des Helms
wird belüftet, damit sie nicht beschlägt. Der zweite Mann hält über die gelbe Sprachbox via Funk Kontakt mit dem Taucher, in dessen Helm ein Mikrofon eingebaut ist, und
steht bereit, um im Notfall sofort eingreifen zu können. Die Tauchstelle wird mit einer
blau-weißen Flagge, die dem Schiffsverkehr »Taucher im Wasser« signalisiert, und mit
einer Boje gekennzeichnet. Der Korb mit dem Taucher ist an Deck gehievt worden, die
Kollegen helfen beim Aussteigen. Denn Roger Lupp trägt Bleischuhe und rund 30 Kilogramm Gewicht am Körper, allein der Helm wiegt mehr als 15 Kilogramm, das geht an

Land schnell auf Nacken und Schultern. Dabei waren bei diesem Einsatz noch nicht einmal viele Gewichte nötig, manchmal trägt der 48-Jährige gegen den Auftrieb im Wasser Bleiwesten und ein zusätzliches Gewicht bis zu 90 Kilogramm, um auf Tiefe zu bleiben und sich in der Strömung halten zu können. Kein Wunder, dass sich Lupp an Land, wo das Gewicht voll durchschlägt, nur schwerfällig bewegen kann. Hinter dem zentimeterdicken Glas des Taucherhelms ist das Gesicht kaum zu erkennen, erst als helfende Hände die Schrauben lösen, den Helm abnehmen und auch die wärmende Kopfhaube heruntergezogen ist, kommt ein breites Grinsen zum Vorschein.

Lupp ist zufrieden mit dem Fortschritt seiner Arbeit, in den vergangenen Stunden hat er mit einer Schweißlanze die Verbindungen der Spundwände abgebrannt, die für den Tunnel der U 4 in den Hafenboden getrieben wurden und nun wieder abgebaut werden sollen. Seit 30 Jahren ist der schlanke und drahtige Mann Berufstaucher, er wurde bei der Bundeswehr zum Minensuchtaucher ausgebildet und verdient auch im Zivilleben sein Geld mit Einsätzen unter Wasser: »Da unten ist es im Hafen meist ziemlich kalt und dreckig. Aber ich mag den Job, weil jeder Einsatz anders ist. Gute Teamarbeit ist wichtig, ich muss mich immer auf meine Kollegen verlassen können, denn wenn etwas schiefgeht, kann das sonst schnell lebensgefährlich werden.« Die maximal erlaubte Tauchzeit liegt bei vier Stunden, die erlaubte Tiefe bei 50 Metern, der Großteil der Arbeiten findet aber zwischen acht und zehn Metern Tiefe statt. Dekompressionszeiten werden streng nach der Tabelle C 23 für Berufstaucher eingehalten. Der Job der Hafentaucher, der im Behördendeutsch als Unterwasser-Bauhandwerker bezeichnet wird, hat nicht viel mit der Idylle beim Sporttauchen an bunten Korallenriffen gemein. In der Elbe ist eine Sichtweite von 20 Zentimetern schon viel. Das gilt als gute Sicht, so Lupp, hebt die Hände, spreizt die Finger, winkt damit und lacht: »Das sind meine zehn Augen. Alle Handgriffe sind gelernt und müssen sitzen, denn da unten kann man bei der Arbeit kaum etwas erkennen. Es kommt vor allem auf die Erfahrung an.« Und auf vorsichtiges Arbeiten, denn wenn der Untergrund aufgewühlt wird, verschwindet auch das letzte bisschen Sicht auf einen Schlag.

Die Teams von Taucher Knoth, dem Arbeitgeber von Lupp und eine der drei großen Tauchfirmen im Hafen, sind 24 Stunden in Bereitschaft und immer erreichbar, damit bei Notfällen Taucher sofort eingesetzt werden können. So geschehen, als im Jahre 2009 ein Wasserflugzeug in den Hamburger Hafen stürzte. Es waren Taucher von Knoth, die das Wrack bargen. Die Berufstaucher gehen bei jedem Einsatz der Sache auf den Grund, sie sind zuständig für das Auskundschaften von Flächen, Reparaturen aller Art, Bergungen und Untersuchungen. Sie erneuern Spundwände, setzen und ziehen Dalben, inspizieren Schleusentüren, reparieren undichte Stellen, schweißen und schneiden unter Wasser, führen Schiffsbodenuntersuchungen mit Videoaufnahmen aus nächster Nähe für die Klassifizierungsbegutachtung, den Schiffs-TÜV, durch, dichten Seeventile ab oder entfernen Taue und Tampen, die sich in Bugstrahlrudern oder Propellern verfan-

Fofftein mit Damen: Stärkung zwischen zwei Tauchgängen.

**Klar zum Abtauchen:
Der Signalmann sichert die
Atemschläuche.**

gen haben. Etwa 70 Prozent der Einsätze entfallen auf Baumaßnahmen, 25 Prozent auf Schiffsuntersuchungen, die restlichen 5 Prozent sind außergewöhnliche Einsätze wie Bergungen. Bei havarierten oder gar gesunkenen Schiffen wird zunächst sondiert, wie das Fahrzeug liegt, wie voll die Tanks sind und ob die Ladung verrutscht oder zerbrochen ist. Die besten Anschlagpunkte für Bergungsgurte werden ausgemacht, Pumpen angebracht und Container oder Stückgut geborgen. Jede Bergung ist ein Einzelfall, weil die Bedingungen immer anders sind, es gibt kein Patentrezept für die beste Vorgehensweise.

Die Taucher suchen sogar nach Bomben, zwei Stück in den vergangenen zehn Jahren hat allein Roger Lupp gefunden. Praktisch bei jeder Baumaßnahme im Hafen wird eine Bombensuche durchgeführt, weil es, anders als an Land, mit einer Luftbildauswertung nicht möglich ist, im Wasser Blindgänger aufzuspüren. Mit Metalldetektoren werden vorbestimmte Areale abgesucht, Funde mit einer Boje markiert, angeschlagen und geborgen, den Rest übernimmt der Kampfmittelräumdienst. Noch spektakulärer fand Lupp aber Einsätze in einem verstopften Klärwerk und in einer Biogasanlage, wo verkantete und kaputte Schieber ausgebaut und wieder eingesetzt werden mussten. Das Tauchen in den Faultürmen war wegen der entstehenden Gase extrem gefährlich, das Medium dickflüssig und geruchsintensiv, es herrschte völlige Dunkelheit. Dazu kam die Wärme, 42 °C in der Biogasanlage, maximal eine halbe Stunde am Stück auszuhalten. Selbst in enge Röhren musste Lupp unter Wasser schon kriechen, mit seinem Schweißgerät war er in einem Pfahl mit 90 Zentimeter Durchmessern im Einsatz. Stundenlang hockte Lupp sechs Meter unter der Erde, von Wasser umgeben, null Sicht und keine Bewegungsfreiheit – man kommt kaum umhin, die Nervenstärke des Tauchers zu bewundern, es muss sich angefühlt haben, wie lebendig begraben zu sein.

»Du weißt nie, was dich da unten erwartet«, meint Toni Cau. Der 60-jährige Sizilianer hat zunächst Schlosser gelernt und sich dann im Aufbauberuf drei Jahre bis zum Tauchmeister ausbilden lassen. Meist arbeitet er als Signalmann, aber auch er geht noch ins Wasser. Bei der jährlichen Tauglichkeitsuntersuchung werden vor allem Lungen und Kreislauf überprüft. Bei der Arbeit wird aber meist das Skelett beansprucht: Tauchen ist im wahrsten Sinne des Wortes ein Knochenjob, der im Blut entstehende Stickstoff geht auf die Gelenke. Cau mag die Arbeit vor allem wegen der Unabhängigkeit: »Während des Einsatzes entscheidest du ganz allein, keiner kann dir auf die Finger schauen. Der Chef sitzt am Schreibtisch an Land – weit weg.«

In sein langes Berufsleben hat sich eine Tragödie eingebrannt. Cau gehörte zu den Tauchern, die bei dem schweren Barkassenunglück am Köhlbrand das Schiff mit den Toten bargen. Am Abend des 2. Oktober 1984 war die Barkasse MARTINA, auf der 42 Menschen ausgelassen einen Geburtstag feierten, im Dunkeln mit einem Schleppzug kollidiert und gesunken. 19 Personen – unter ihnen elf Kinder – ertranken in der Elbe.

Der Fluss ist kein einfaches Revier, auf der tideabhängigen Elbe herrschen Ebbe und Flut, die Taucher werden von Strömungen und Verwirbelungen durch die Propeller großer Containerschiffe gestört oder sogar gefährdet. Die Einsatzplanung erfolgt tideabhängig mit der Gezeitentabelle im Blick, auch die Windstärke und andere Wetterfaktoren werden berücksichtigt. Wenn es beispielsweise in Dresden viel geregnet hat, gibt es ein paar Tage später in Hamburg eine stärkere Strömung.

Im Flussbett auf dem Elbboden kann man nicht gehen, es wäre zu gefährlich. Es gibt zu viele Abhänge und plötzlich auftretende Löcher. Auskolbungen, die durch gewaltige Schiffsschrauben entstehen können, lassen einen Taucher mit Bleischuhen schnell auf mehr als zwölf Meter Tiefe rutschen, und die vorgeschriebene Auftauchzeit ist viel schneller erreicht als geplant. Die Elbe ist in den vergangenen Jahren zwar sauberer geworden, aber die Arbeit wird immer wieder durch Müll behindert: Einkaufswagen, demolierte Fahrräder und anderer Abfall, der einfach in den Fluss geworfen wurde.

Getaucht wird das ganze Jahr über, es sei denn, die Elbe ist zugefroren. Selbst bei Eisgang geht es aber hinunter – wenn ein Schiffsboden beschädigt sein könnte, kann mit der Überprüfung nicht gewartet werden. Das ist nicht nur bitterkalt, sondern auch gefährlich, größere Eisschollen könnten den Schlauch für die Atemluft abknicken oder gar ganz abscheren. Gegen die Kälte versuchen die Taucher, sich unter dem Trockenanzug mit isolierender Unterwäsche zu schützen, oft mehrere Lagen, denn trotz der anstrengenden Arbeit kühlt man schnell aus. Der Arbeitsradius unter Wasser ist vorgegeben, der Atemschlauch darf eine Länge von 80 Metern nicht überschreiten. Es wird normale Pressluft verwendet, bei größeren Tiefen wird Mischgas mit einem Heliumanteil eingesetzt. Zwei 50-Liter-Flaschen sind an den Atemschlauch angeschlossen, 10 Liter Reserve stehen bereit.

Roger Lupp hat unterdessen den Trockentauchanzug inspiziert, die Dichtungsringe mit Vaseline geschmiert, Talkum zum besseren Reingleiten aufgebracht, den Anzeiger der Atemluft abgelesen und die Schläuche kontrolliert. »Dafür nehme ich mir immer Zeit, an der genauen Sicherheitsvorbereitung hängt mein Leben.«

Den Anzug bekommt er alleine an, beim Helm müssen die Kollegen helfen. Sobald die monströse Kopfbedeckung übergestülpt und verschraubt ist, kann nur noch über die gelbe Sprachbox an Deck miteinander kommuniziert werden. Der Taucher steigt wieder in den Käfig und wird an der Arbeitsstelle ins Wasser gelassen. Die nächsten Stunden wird Roger Lupp wieder in abgeschiedener Dunkelheit verbringen. Nach ein paar Sekunden ist der Käfig vollständig verschwunden, nur einige Blasen steigen noch an die Wasseroberfläche und verraten, dass sich irgendwo da unten gerade ein Taucher bei der Arbeit befindet.

Einfach mal abhängen ... Nach dem Trocknen
wird der Anzug vor dem nächsten Einsatz mit
Vaseline und Talkum geschmeidig gehalten.

Maritime Pfadfinder

**Sie kennen den Hafen mit seinen 360 Liege-
plätzen wie ihre Westentasche, haben Erfahrung mit den teils widrigen Strömungs- und
Windverhältnissen und finden immer einen
sicheren Weg. Dabei gehen sie auf fremden
Schiffen mit Seeleuten aus aller Welt und
unterschiedlichen Mentalitäten um und
müssen in schwierigen Situationen sichere
Entscheidungen in kürzester Zeit treffen.**

Die Lotsenleiter schwingt in sich und an der dunkelnachtblauen Bordwand der QUEEN MARY 2 hin und her, und es ist nicht leicht, mit Händen und Füßen auf den schmalen, glitschigen Sprossen und den von der Gischt nassen Seilen etwas Halt zu finden. Schon das Umsteigen vom Lotsenboot war nicht so einfach, die kleine Barkasse schaukelte auf den Wellen, die von der Königin der Meere ausgingen, obwohl sie ihre Geschwindigkeit auf fünf Knoten verlangsamt hatte. Jetzt, auf halber Höhe, ist neben körperlicher Geschicklichkeit auch Nervenstärke gefragt – nur nicht nach unten schauen, wo sich zehn Meter tiefer im schmalen Spalt zwischen Lotsenboot und dem mächtigen Rumpf der QUEEN das erste Tageslicht im Elbwasser widerspiegelt. Dabei hatten Uwe Heins und Clas Trute kurz zuvor die Leiter mit routinierter Leichtigkeit erklommen und waren durch eine hell erleuchtete Luke, die sogenannte Lotsenpforte, an Bord gestiegen. Die beiden Hafenlotsen der Hamburger Brüderschaft plaudern bereits zur Begrüßung mit dem Ersten Offizier, der sie gleich zur Brücke begleiten wird.

Der Hafenlotse gibt
dem steuernden
Offizier den Kurs vor.

**Perspektivwechsel: Die Brücke
der QUEEN MARY 2 ragt hoch über
die Häuser am Hafenrand hinaus.**

**Das Lotsenboot
fährt dicht an den
Ozeanriesen heran.**

Der Begriff Lotse kommt ursprünglich vom »loadsman« (Geleitmann) aus dem Eng-
lischen. In dieser Sprache, die neben Deutsch zweite Dienstsprache ist, heißen die
maritimen Pfadfinder heute »pilot«. Die See- und Hafenlotsen in Deutschland sind in
neun Brüderschaften eigenständig organisiert, das Revier der Hamburger Hafenlotsen
reicht von Tinsdal bis Oortkaten, ein Gebiet von 87 Quadratkilometern mit 40 Hafenbecken, zahlreichen Verbindungskanälen und rund 360 Liegeplätzen. Bereits um 1350
wiesen einheimische Fischer fremden Schiffen den sicheren Weg aus dem Hamburger
Hafen. Im April 1858 traten die ersten drei Lotsen ihren Dienst im Auftrag der Stadt
an, seit dem 1. Juli 1981 ist die Brüderschaft als Körperschaft des öffentlichen Rechts
eigenständig organisiert. Derzeit verrichten hier 75 Lotsen ihren Dienst, zwei auf fünf
Jahre gewählte Ältermänner und ein dreiköpfiger Beirat für Sicherheit, Altersvorsor-
ge sowie Allgemeines bilden den Vorstand. Der Berufsweg zum Hafenlotsen ist lang.
Der zweite Ältermann, Tim Grandorff, hatte eine nautische Karriere vom Deckjungen
zum Schiffsmechaniker und Offiziersassistenten hinter sich, bevor er nach drei Jahren
Seefahrtschule und weiterer Fahrtzeit sein Kapitänspatent erhielt. Grandorff führte Con-

Maßarbeit: Gleich wird die »Queen« festgemacht.

Die Lotsenleiter ist
schmal, wackelig
und oftmals rutschig.

tainerschiffe und bewarb sich dann als Lotsanwärter. Um überhaupt erst einmal angenommen zu werden, muss sich jeder Bewerber nach mindestens zwei Jahren Fahrt als Kapitän beim Vorstand persönlich vorstellen. Dieser entscheidet mit einfacher Mehrheit. Nach einer erfolgreichen Bewerbung durchläuft der Aspirant eine achtmonatige Ausbildung ohne Gehalt. In der Praxis muss der Lotsanwärter die erfahrenen Kollegen auf 250 Schiffen begleiten, die theoretische Schulung erfolgt parallel auch durch die Hamburg Port Authority. Gelernt werden müssen Gesetze, Hafenkunde, Liegeplätze und Manöver. Dazu kommen Lehrgänge wie Radar- und Simulatorkurse, bei denen der Umgang mit schlechten Wetterbedingungen wie Nebel, Hagel, Eis und Schnee sowie Strömungen, Wind und Wellengang trainiert wird. Nach erfolgreicher Abschlussprüfung erfolgt die Bestallung zum Hafenlotsen, die Lernzeit geht aber weiter. Im ersten Jahr darf der Neuling nur Schiffe bis 130 Meter Länge und 19 Meter Breite lotsen, erst nach fünf Jahren können alle Schiffsgrößen gefahren werden.

Auf der Brücke der QUEEN MARY 2, hoch oben über der Elbe, verabschiedet Kapitän Christopher Ryndt die Elblotsen, die die QUEEN MARY 2 ab Brunsbüttel bis zur Hafengrenze begleitet haben. Nach der Übergabe übernehmen nun Uwe Heins und Clas Trute die Königin der Meere bis zum Anlegen am Cruise Center am Grasbrookkai. Fahrlotse Heins gibt den Kurs vor: »Straight ahead!« »Yes, Sir, straight ahead!«, wiederholt der Offizier an den Fahrthebeln, mit denen die modernen Azipod-Motoren gesteuert werden, die wie Gondeln seitlich und hinten unter dem Schiff hängen. Rote Lampen und der Widerschein von Bildschirmen und Instrumententafeln, die mit schwach beleuchteten Knöpfen und Reglern übersät sind, tauchen die Brücke in diffuses Dämmerlicht. Der Zweite Offizier blickt konzentriert auf den Radarmonitor, der Erste Offizier kontrolliert das Computerdisplay, auf dem alle wichtigen technischen Schiffsdaten auflaufen, der Fahrlotse achtet auf Kurs und Geschwindigkeit, der zweite Lotse trifft über sein Funkgerät Verkehrsabsprachen und hält Kontakt mit den zuständigen Dienststellen und Behörden, den Dienstleistern, der Schlepperzentrale und den Festmachern. Bei außergewöhnlich großen Fahrzeugen (AGF), wie Container- und Kreuzfahrtriesen über 300 Meter Länge und 45 Meter Breite im Hafendeutsch heißen, sind immer zwei Lotsen an Bord, bei Ein- und Ausdockmanövern sogar drei. Die technischen Anforderungen sind durch die moderne Computertechnik sehr hoch geworden, die Kommandobrücken sehen heute aus wie bei einem Film-Raumschiff. Hinzu kommt, dass der Hafen tideabhängig ist, es herrschen unterschiedliche Flach- und Hochwassersituationen, die Strömung ändert sich, es kann durch Verschlickung zu Fahrrinnenverengungen kommen. Darum hat sich der Fahrlotse auch zuvor über Tidezeiten, Wind- und Strömungsverhältnisse sowie die Verkehrslage auf dem Wasser informiert und sich die Peilkarte sowie alle relevanten Daten der QUEEN MARY 2 angeschaut: »Wir trainieren zwar regelmäßig die richtige Bedienung von neuem nautischem Gerät im Simulator, aber das wichtigste für einen Lotsen sind absolute Revierkenntnis sowie sein Gespür für die Natur und die dadurch vorherrschenden oder entstehenden Verhältnisse.«

Bei der QUEEN MARY 2 gibt es noch zwei Besonderheiten: Neben der Auslaufparade beim Hafengeburtstag sind die Anläufe des Ozeanliners die einzigen Zeiten, an denen Elbbereiche für entgegenkommenden Verkehr teilweise gesperrt werden. Und durch den enormen Tiefgang von 10,30 Meter muss die Königin bei Stauwasser quasi auf der Flutwelle surfen, um problemlos über die Betonabsicherung des Alten Elbtunnels zu kommen – dadurch bleibt nur ein kleines Zeitfenster für die Ein- und Ausfahrt in den Hamburger Hafen.

Laut Gesetz berät der Lotse den Kapitän bei der Schiffsführung. Oftmals ist der Kapitän jedoch nur noch Beobachter auf dem eigenen Schiff. Der Lotse übernimmt dann praktisch die nautische Führung und die Kommandos an das Brückenteam. Die Schiffsdirigenten sollten ausgezeichnete Teamplayer sein, meint Tim Grandorff: »Der Lotse muss mit Seeleuten aus aller Welt und ihren unterschiedlichen Mentalitäten umgehen können. Gerade in schwierigen Situationen sollte er Vertrauen und Ruhe ausstrahlen. Lotsen müssen belastbar und in der Lage sein, auf jedes auftretende Problem sofort zu reagieren, denn sie müssen sichere Entscheidungen in zeitlich engen Spielräumen treffen.«

Mentale und körperliche Fitness ist wichtig, bei den Hafenlotsen gibt es mehrere Sportgruppen, die sich in ihrer Freizeit zum Rennrad fahren, Tennis, Fußball oder Golf treffen.

Alle fünf Jahre stehen die Untersuchungen zur Lotsendiensttauglichkeit an, ab einem Alter von 45 Jahren sind die Intervalle auf drei Jahre verkürzt. Erfüllt ein Lotse die Anforderungen in diesen Untersuchungen nicht, dann erhält er keine Tauglichkeitsbescheinigung mehr. Die Lotsentätigkeit ist aber lukrativ. Was ein Hafenlotse verdient, darüber wird nicht gesprochen, nur so viel verrät Tim Grandorff: »Das Basiseinkommen lehnt sich in etwa daran an, was ein Kapitän auf großer Fahrt nach Tarif verdient. Das Einkommen schwankt aber, denn es richtet sich nach Schiffsgröße und Anzahl der gelotsten Schiffe, also der Zahl der geleisteten Beratungen für eine bestimmte Schiffsgröße.«

Sämtliche Einnahmen gehen auf ein gemeinsames Konto, jeder Lotse bekommt den gleichen Anteil. Generell sind Tankschiffe und andere Seeschiffe einer Länge von 90 Metern und/oder 13 Metern Breite lotspflichtig, das Lotsgeld richtet sich nach der Bruttoraumzahl und startet bei 76 Euro bis zu 300 BRZ und geht bis zu einer Kappungsgrenze von 1374 Euro. Bei besonderen Leistungen wie Stapelläufen, Ein- oder Ausdocken, Kompass kompensieren oder Fahrt ohne Maschine mit Schlepperhilfe werden ebenso zusätzliche Gelder fällig wie bei Wartezeiten. Der erste Lotse wird zu 100 Prozent abgerechnet, der zweite und dritte jeweils zu 50 Prozent. Die Brüderschaft sichert ihre Mitglieder ab, aus dem gemeinsamen Topf werden eine eigene Krankenversicherung finanziert und 90 Prozent des Basisgehalts bezahlt.

Derzeit ist die Brüderschaft eine reine Männerdomäne, die Anstellung von Frauen ist aber generell möglich. Neben der äußerst interessanten Tätigkeit und dem Einkommen hebt Tim Grandorff die Planungssicherheit als großen Vorteil hervor: »Ich weiß heute schon, wie ich bis zur Rente arbeite. Acht Tage Dienst, dann sechs Tage frei, Schichtwechsel immer dienstags, das ist momentan der verkehrsreichste Tag im Hafen. Sechzehn Wochen lang, dann vier Wochen Freizeit, sechzehn Wochen Dienst, dann zwei Wochen Freizeit.« Der heute 45-Jährige muss seine Bestallung in 20 Jahren abgeben, das Gesetz lässt keine Weiterbeschäftigung nach dem 65. Lebensjahr zu.

Seit 1925 befindet sich die Lotsenstation auf dem Seemannshöft, einer schmalen Landzunge zwischen Köhlfleet und Elbe im Stadtteil Waltershof. Das goldene Zifferblatt auf dem 28 Meter hohen Backsteinturm glänzt in der Sonne. In der Einsatzzentrale hat der Wachleiter durch die voll verglaste Vorderfront einen Elbblick von 180 Grad, von hier aus wird der gesamte Schiffsverkehr verfolgt und kann jedes Hafenbecken überwacht werden. Die Hafenlotsen steigen in der Regel in Höhe Blankenese kurz hinter Schweinesand zu, kleinere Schiffe werden vor Nienstedten, spätestens bei Teufelsbrück übernommen.

Die 75 Hafenlotsen sind in neun Gruppen von jeweils acht oder neun Männern unterteilt, davon arbeiten vier Gruppen, die anderen genießen ihre dienstfreie Zeit. Rund 30 Lotsen befinden sich immer in Rufbereitschaft, wie am Taxistand wird der jeweils erste

Mann auf der Liste angerufen, er ist »am Stich«, die anderen rücken nach. Bis zu vier Schiffe kann ein Lotse pro Abruf begleiten, das vierte Schiff wird vergeben, wenn die ersten drei innerhalb von sechseinhalb Stunden abgearbeitet wurden. An der Station stehen zwei große Barkassen sowie ein schnelles Versetzboot zur Verfügung, bei abgehenden Schiffen wird mit dem Taxi zur Pier gefahren. Im ersten Stock des Gebäudes sind Schlafräume untergebracht, es gibt ausreichend Betten für alle Lotsen. 24 Stunden am Tag, 365 Tage pro Jahr – die Lotsen stehen rund um die Uhr zur Verfügung. An eher ruhigen Tagen und Feiertagen wie Weihnachten sind Wartezeiten von einigen Stunden normal, so können sich die Lotsen dort zwischen den Einsätzen ausruhen. In der Pantry steht ein gemeinsam finanziertes Frühstück zur Verfügung, um Mittag- oder Abendessen kümmert sich jeder selbst. Die Arbeitsatmosphäre ist nahezu familiär, auch viele Rentner, für die sogar eine eigene Weihnachtsfeier organisiert wird, schauen immer mal wieder rein.

Vor dem Anlegen soll die QUEEN MARY 2 beim Amerikahöft im Strom gedreht werden, um mit der Steuerbordseite am Kreuzfahrtterminal festzumachen. Der Luxusliner kann bei diesen Witterungsbedingungen ohne Schlepperhilfe wenden, die beiden hinteren Motoren lassen sich um 360 Grad drehen, was gemeinsam mit den starken Bug- und Heckstrahlrudern zu einer hervorragenden Manövrierfähigkeit führt. Uwe Heins schaut auf der Brückennock abwechselnd zum Bug und nach achtern, das Sprechfunkgerät klebt an seinen Lippen. Der Lotse muss nicht nur die aktuelle Wind- und Stromgeschwindigkeit wissen, sondern spüren, wie er am besten mit den Naturkräften arbeiten kann. Sanft und ruhig dreht sich die QUEEN um die eigene Achse, so lange ist für andere Schiffe dieser Teil des Flusses gesperrt. Grundsätzlich, so hatte es Tim Grandorff erklärt, gilt im Hafen: »Hauptfahrwasser vor Nebenfahrwasser, aber im Vordergrund steht immer die Sicherheit und Leichtigkeit des Verkehrs. Aus diesem Grund kommt es nach Absprache häufig dazu, dass einem schlechter manövrierenden Schiff Vorfahrt gewährt wird. Es gibt keine Geschwindigkeitsbegrenzung, nur für Sportboote gelten acht Knoten. Es sollte aber immer nur so schnell gefahren werden, dass man im Revier niemanden behindert, belästigt oder gar beschädigt.«

Im Normalfall sind das auf der Elbe bis zu zehn und innerhalb der Hafengrenzen gut acht Knoten. Bei rund 12 000 Handels- und Kreuzfahrtschiffen, die Hamburg pro Jahr anlaufen, passiert erstaunlich wenig, das Hauptfahrwasser musste noch nie komplett gesperrt werden. Rückwärts gleitet die QUEEN MARY 2 an den Kai, unten warten schon die Festmacher, um gleich die Leinen anzunehmen. Mit einem leichten Zittern legt die Kreuzfahrtriesin an, die Motoren werden jetzt nur noch zur Stromgewinnung für Hotel- und sonstigen Betrieb genutzt. Auf der Brücke unterschreibt Kapitän Ryndt den Lotszettel mit den erbrachten Leistungen, dann geht es für die Lotsen von Bord und mit dem Taxi zur Lotsenstation – das Warten auf den nächsten Job beginnt, so lange bis man wieder am Stich ist.

Immer wieder sonntags

Aale-Dieter, mit bürgerlichem Namen Dieter Bruhn, ist das Urgestein des Hamburger Fischmarktes und deutschlandweit einer der bekanntesten Verkäufer. Seit 53 Jahren verkauft er vor allem geräucherten Aal und hat auch mit seinen inzwischen 72 Jahren nicht vor, in den nächsten Jahren damit aufzuhören. Beim Publikum beliebt ist Aale-Dieter vor allem durch die lustigen Sprüche und seine herb-charmante, direkte Art.

»Nu komm mal ran hier, min Jung!«, schallt die kräftige Stimme weithin selbst durch das geschäftige Gewimmel des vollen Fischmarkts. »Joh, du da hinten, hierher sollst du gucken!« Und als wäre der angesprochene Mittfünfziger nicht schon irritiert genug, folgt noch ein Spruch hintendran: »Deine Frau sieht dich jeden Tag, die ist froh, wenn du sie mal in Ruhe lässt!« Die Menge grölt, der Ehemann wird, leicht errötet, von seiner Frau nach vorn geschoben, und Aale-Dieter hat es wieder mal geschafft: Er hat die Masse in seinen Bann und vor seinen Verkaufsstand gezogen.

Seit 53 Jahren verkauft Dieter Bruhn seinen Räucherfisch und ist zu einer Attraktion auf dem Hamburger Fischmarkt geworden. Das Verkaufsgenie kam durch Zufall zu diesem Job. Der 1939 im Stadtteil Hamm geborene Sohn eines Schmuckhändlers machte nach der Schule zunächst eine Lehre als Maschinenbauer bei einem Geräthersteller

Voll in seinem Element:
Aale-Dieter ist ein Verkaufsgenie.

Fischmarkt und Fischauktionshalle gehören zu den größten Touristenattraktionen Hamburgs.

in der Kleinen Freiheit und verdiente später sein Geld als Handelsvertreter für Kaffee. Seine herausragende Verkaufsbegabung fiel einem Freund der Familie auf, der auf Wochenmärkten als »Aal-Wilhelm« bekannt war. Gemeinsam reisten die beiden durch ganz Deutschland, und Dieter Bruhn wurde durch seine offene Art mit dem typischen Hamburger Schnack schnell selbst bekannt. Als »Aal-Wilhelm« aufhörte, übernahm Dieter das Geschäft und betreibt es heute auch mit 72 Jahren noch weiter: »Ich mach das, solange ich es gesundheitlich kann. Aktiv zu sein und was zu tun, das hält mich jung.«

Der frühere Hobbyboxer und -ringer geht immer noch regelmäßig zum Fitnesstraining, durch sein breites Kreuz, das braun gebrannte Gesicht und vor allem die blitzerden hellblauen Augen fühlen sich sehr oft besonders reifere Damen mächtig an Hans Albers erinnert, cbwohl Aale-Dieter früher nicht blond, sondern schwarzhaarig war: »Das find ich natürlich gut, obwohl ich mich mit ihm gar nicht vergleichen kann. Aber ich bin auch ein echter Hamburger Jung. Urgroßvater, Großvater, Vater – alle wurden hier geboren, Hamburg ist mein Herzblut.«

Wie die Hansestadt, liegt ihm auch das Verkaufen im Blut, 2002 wurde Bruhn sogar vom »manager magazin« als einer der Top-Verkäufer in Deutschland ausgezeichnet. Neben Fischerhemd und roten Hosenträgern ist das freche Mundwerk sein Markenzeichen, wobei Aale-Dieter immer darauf bedacht ist, Menschen nicht vor den Kopf zu stoßen, sondern für sich zu gewinnen: »Verkaufen ist auch Entertainment, man muss mit den Menschen umgehen, sympathisch sein, gut reden können, den Menschen öffnen – da kommen viele Dinge zusammen, das ist eine psychologische Sache. Man muss den Kunden heiß auf das Produkt machen, ihn überzeugen. Vor allem aber – wenn der Käufer so weit ist, dann muss man sofort zuschlagen, dann darf man nicht zögern.« Wenn einer kauft, so seine Erfahrung, dann greifen andere in der Euphorie auch zu. Aale-Dieter hat über die Jahrzehnte ein feines Gespür für den richtigen Moment entwickelt. Die Sprüche kommen immer spontan, klar gibt es ein paar Standards, aber das meiste ergibt sich aus der Situation.

Jeden Sonntag steht Aale-Dieter um 2.00 Uhr nachts auf und fährt mit einem Freund seinen Stand aufbauen und die Ware aufpacken. Er hat seinen Stammplatz direkt an der Elbe, etwa 100 Meter links von der Fischauktionshalle, in der Nähe des Marktbüros. Ab 5.00 Uhr zieht er seine Show ab, animiert Nachtschwärmer, Frühaufsteher und vor allem Touristen, die im Rudel per Busladung auf den Fischmarkt kommen: »Was ist denn mit euch los, was seid ihr denn für 'ne lahme Truppe?« Die schaut immer noch abwartend, dafür kommt Dieter in Fahrt, nimmt einen Aal aus der Vakuumverpackung, zerteilt ihn und füttert die Menge mit Kostproben: »Na und, was wollt ihr? Fressen oder kaufen? Ja, da machen sie HMMMMMMM…, seht ihr, bei mir stöhnen die Frauen sogar am Stand!« Das bringt die Menge in Stimmung, das Publikum amüsiert sich. Neben Menschenkenntnis gehören zum Job auch eine gute Portion schauspielerische Begabung, der Sinn für das richtige Timing und die Erfahrung, welcher Spruch zu welcher Situation passt. Er hat für alle Einwände die richtige Antwort parat: »Wie, der Aal ist dir zu fett? Dann musst du Diabetes-Aal kaufen!« – »Na klar sind meine Aale frisch, auch wenn sie verpackt sind. Du bist doch auch angezogen und noch ganz frisch, oder?«

Aale-Dieter ist immer direkt und gerade heraus, manchmal ein bisschen rau, dabei aber immer herzlich und mit einem zwinkernden Auge. Das mögen die Menschen, das wollen und erwarten sie von ihm, so entsteht Mund-zu-Mund-Propaganda: »Die Kunden kommen aus ganz Deutschland, nehmen Fisch mit nach Hause und erzählen Nachbarn und Freunden, dass sie unbedingt zu mir kommen müssen, wenn sie mal in Hamburg sind.« Das Geschäft ist schwieriger geworden und geht heute später los. Früher kamen mehr Nachtschwärmer zum Fischmarkt, im Moment liegt die Verkaufsspitze bis zu anderthalb

Stunden später, zwischen 7.30 und 9.00 Uhr: »Das hängt auch vom Wetter ab, es darf nicht zu heiß, nicht zu kalt und nicht zu schlecht sein. Trocken, bedeckt, 18 °C – das ist das ideale Verkaufswetter.«

Der Fischmarkt gehört für Touristen zu den größten Attraktionen Hamburgs. Seit einer Magistratsverordnung im Jahre 1703 verkaufen einheimische Fischer am Sonntagmorgen ab 5.00 Uhr an der Großen Elbstraße ihren Fang. Laut Verordnung bis zum Beginn des Gottesdienstes, das ist so geblieben, um 9.30 Uhr ist Marktschluss. Heute bieten rund 650 Händler ihre Ware feil, neben Fisch kann man Obst, Gemüse, Käse, Wurst, Pflanzen, Kleidung sowie Souvenirs und andere Mitbringsel erwerben. Dazu kommt ein breites kulinarisches Angebot, und in der Fischauktionshalle gibt es Livemusik. Unumstrittene Stars auf dem Fischmarkt sind die Marktschreier wie Bananen-Fred, Käse-Tommy, Nudel-Olli und natürlich Aale-Dieter mit seinen Räucherfischen.

Seit 33 Jahren bezieht er die Ware aus derselben Quelle, Räucherlachs bei Gottfried Friedrichs, der ältesten Lachsmanufaktur Europas, und Aal von der Räucherei Ternäben am Dümmer See: »Ich war immer darauf bedacht, erstklassige Qualität zu bieten. Nur das, was ich selber auch genießen kann, biete ich meinen Kunden an.« Er vermarktet nach Größe, einen Aal gibt es ab 7 Euro, zwei kleine Aale und einen Lachs für 20, aber auch schon mal für 18 Euro, je nach Verkaufssituation. Aale-Dieter vermarktet nach Größe, gibt gern Kostproben und führt die Kunden auch mit Nachlässen zum Kauf, aber er ist kein Billigheimer, denn »guter Aal ist knapp geworden und begehrt«.

Begehrt ist auch Aale-Dieter, dreimal pro Jahr geht er mit 25 bis 30 Kollegen auf Tournee und bringt mit dem »Fischmarkt auf Reisen« jeweils elf Tage lang Hamburger Atmosphäre nach Süddeutschland – der kleinste Markt findet in Aschaffenburg, der größte in Stuttgart statt. Aale-Dieter ist aber auch als Verkaufstrainer, Moderator oder Unterhalter gefragt, Großunternehmen wie die Telekom oder Sportrechtevermarkter Sportfive verpflichten ihn, um Mitarbeiter zu motivieren. Er wurde in unzählige Talkshows eingeladen, kennt viele Prominente persönlich und hat zwei CDs herausgebracht. Denn bereits in seiner Jugend hatte Dieter Bruhn eine klassische Gesangsausbildung abgeschlossen, das Singen ist seine große Leidenschaft. Die geschulte Stimme kommt ihm auch auf dem Fischmarkt zugute: »Mit der richtigen Technik braucht man kein Mikrofon und wird auch nicht heiser, so wie manche Kollegen.«

Privat ist Aale-Dieter eher ein Mann der leisen Töne mit großem sozialem Engagement. Seit mehr als 30 Jahren ist er karitativ tätig, für viele Hamburger Einrichtungen von Heimen über Kinderkrankenstationen bis hin zu AIDS- und Muskelschwundhilfe. Seit 48 Jahren ist der Vater von zwei Töchtern verheiratet, für seine beiden Enkel nimmt er sich viel Zeit. Nur in den Sulky steigt er nicht mehr, obwohl er als Fahrer und Besitzer Erfolge feiern konnte. Der Trabrennsport war sein großes Hobby, er veranstaltete zahlreiche

Prominentenrennen für wohltätige Zwecke. Die Töchter wollen beide nicht in sein Geschäft einsteigen, einen Nachfolger hat Aale-Dieter noch nicht: »Das Geschäft geht ja über die Person, und man kann keinen Menschen kopieren, das funktioniert nicht.«

Seine herbe, aber charmante Art ist einzigartig und stiftete unwissentlich sogar eine Ehe, wie ihm das glückliche Paar später erzählte. Die beiden standen zufällig nebeneinander in der Menge vor seinem Stand und hätten sich wahrscheinlich nie kennengelernt, wenn nicht Aale-Dieter wieder einen Spruch gemacht hätte: »Ihr beiden da würdet ein prima Paar abgeben. Und den ersten von eurem Wurf nennt ihr dann nach mir.« Die Angesprochenen schauten sich an, lachten, waren sich auf Anhieb sympathisch, verliebten sich später und heirateten. Das sind die Geschichten, warum Aale-Dieter seinen Beruf so liebt: »Mir ist es wichtig, auf den Menschen zu gucken, dass man ordentlich miteinander umgeht. Immer geradlinig und nicht hintenrum – leider sind diese Tugenden heute etwas auf der Strecke geblieben.«

Und wieder hat es Aale-Dieter geschafft: Das Publikum drängt sich und hört gebannt zu.

Fahrschule für Kapitäne

Eine Übungseinheit im modernsten Schifffahrts-simulator Europas zeigt, dass ein Fehler beim Manövrieren nicht sofort, sondern erst zehn Minuten später fatale Folgen haben kann – und dass man meist nichts mehr dagegen tun kann.

Es stürmt heftig, der Wind heult um die Brücke, durch den wolkenbruchartigen Regen und die Gischt der aufgepeitschten See ist in der Dämmerung kaum Sicht, und es prasselt ununterbrochen auf das Dach, während das Schiff durch zehn Meter hohe Wellen schaukelt. Die Männer auf der Brücke des kräftig rollenden Kreuzfahrers suchen nach Halt. Den knapp 200 Meter langen Luxusliner auf Kurs zu halten, ist schwierig, zumal wir uns in einer engen Fahrrinne kurz vor der Einfahrt in einen Kanal befinden. Die Ansteuerungstonnen sind kaum zu erkennen, das Schiff kommt den roten Markierungstonnen gefährlich nahe, und ausgerechnet jetzt taucht vor uns aus dem Nebel auch noch ein riesiger Frachter auf. Es heißt schnell, aber auch nicht überhastet zu handeln, denn Schiffe reagieren träge. Dass eine falsche Entscheidung zwar erst zehn Minuten später Auswirkungen hat, aber meist in der verbleibenden Zwischenzeit nicht mehr zu korrigieren ist, zeigt sich jetzt: Ich habe das Ruder viel zu hart nach Steuerbord eingeschlagen, wir befinden uns auf Kollisionskurs, und selbst Notmanöver würden nicht weiterhelfen, der Zusammenstoß mit dem Frachtgiganten ist nicht mehr zu verhindern.

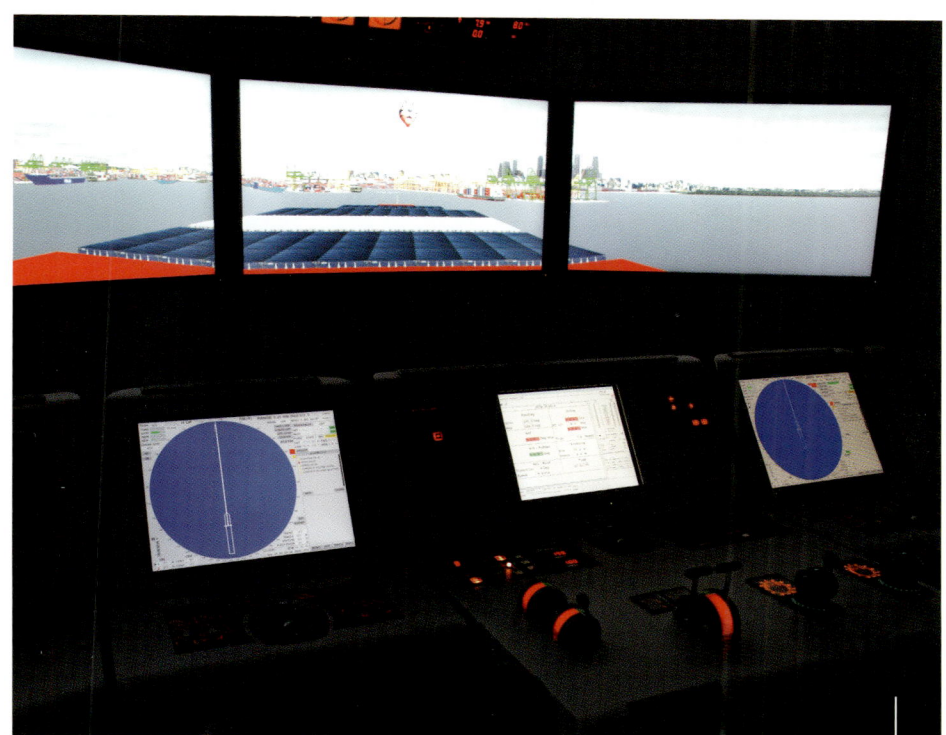

Die Computeranimationen zeichnen ein täuschend echtes Bild vom Hafen.

Zum Glück befinden wir uns nicht auf hoher See, sondern in einem unscheinbaren Flachbau in der Nähe des HSV-Stadions. Und was im Ernstfall eine Havarie oder gar einen Untergang nach sich ziehen würde, sorgt nur für ein breites Grinsen bei Andreas Hartmann, einem der Ausbilder des Marine Training Center (MTC): »Keine Sorge, das passiert hier öfter.« Auf 2600 Quadratmeter ist knapp fünf Kilometer von der Elbe entfernt das modernste Schulungs- und Weiterbildungszentrum in Europa entstanden. Rund 4000 Nautiker und Schiffsingenieure bekommen im ersten Jahr von acht Festangestellten und Honorarkräften am MTC den Umgang mit neuester Technik beigebracht. Die Ausbildung erfolgt an Brücken- und Maschinensimulatoren, dazu gibt es eine Schulungswerkstatt, in der die Maschinenwartung geübt wird. Das Herzstück ist der zwei Millionen Euro teure 360-Grad-Schiffführungssimulator, dessen zwölf Projektoren Bilder von zehn Seegebieten wie der Deutschen Bucht, dem Ärmelkanal oder der Bucht von Yokohama und von Häfen wie Hamburg, Rotterdam, Singapur oder Schanghai erzeugen. Die Computeranimationen basieren auf realen Filmen und Fotos, die im virtuel-

360 Grad-Simulation: Der ganze Hafen passt
in einen Flachbau in Hamburg-Stellingen.

**Vom Nebenraum aus
werden Gefahrensituationen
eingespielt.**

len Sicht- und Datenmodell bis ins Detail umgesetzt sind, Küstenlinien und Seezeichen werden in Echtzeit dargestellt. Es ist kaum zu glauben, wie real sich die Einfahrt am Blankeneser Hügel vorbei in den Hamburger Hafen anfühlt. Selbst die Geräusche sind authentisch, das Möwengekreische mischt sich mit dem Stampfen der Maschinen, und man spürt die Vibrationen, die mit riesigen Basslautsprechern unter dem Boden der Brücke erzeugt werden. Alle Umweltbedingungen wie Wind, Strömungen, gleißendes Sonnenlicht, Regen, Nebel und sogar Hagel oder Schneetreiben können ebenso simuliert werden wie Dämmerungs- und Nachtfahrten. Dazu kommen Manövereffekte, die durch Sandbänke, Flachwasser und die Begegnung von zwei Schiffen hervorgerufen werden: Abstoßung, Ansaugen, Bugwellen sowie aufgewühltes Fahrwasser. Und ein bewegter elektrischer Horizont täuscht das menschliche Gefühl durch Gieren, Stampfen und Rollen eines Schiffes bei Orkan oder Hurrikan so perfekt, dass selbst erfahrene Seebären in dieser Anlage seekrank geworden sind. Auch die Ausstattung lässt schnell vergessen, dass es sich um einen Simulator handelt, denn die Kommandobrücke ist originalgetreu wie die eines modernen Großschiffes eingerichtet. Steuerstand, Manöver-

Voll überwacht: Der Instruktor setzt die Kandidaten im Simulator unter Stress.

konsole und Hightech-Radar sind ebenso vorhanden wie alle Navigationseinrichtungen mit Kartentisch, Kommunikationseinrichtungen und die elektronische Bedienungsmöglichkeit des Maschinenraumes. Insgesamt 60 Schiffe können derzeit dargestellt werden, neben Containerschiffen mit einer Größe von 1100 bis 13 500 TEU Großtanker mit bis zu 208 000 BRT sowie Kreuzfahrtschiffe mit einer Länge von bis zu 281 Meter. Zu dem einzigen Simulator mit Rundumsicht in Europa, der sich in einem kreisrunden Raum mit 14 Metern Durchmesser befindet, können noch drei kleine Kommandobrücken mit jeweils 120-Grad-Sicht zugeschaltet werden. So sind bis zu sechs eigene Schiffe gleichzeitig manövrierbar, und man muss bis zu 20 fremde Schiffe und deren Tun im Auge behalten. Mit den Simulatoren werden Brücken- und Maschinenbetrieb, Sicherheitsabläufe und die Behandlung flüssiger Ladung geprobt und somit alle Prozesse der verschiedenen Tankertypen bis hin zum Be- und Entladen. Fünf verschiedene Maschinen stehen zur Verfügung, vom 4000-kW-Aggregat eines Feeders bis hin zum 42 100-kW-Antrieb eines 5100 TEU-Frachters. Selbst ein Pod-Antrieb wird simuliert, der 3-Tages-Kurs wird vom Werftkapitän der Papenburger Meyer-Werft geleitet, der ansonsten für die Ems-Überführung riesiger Kreuzfahrtschiffe verantwortlich ist.

Das MTC ist trotz der mehr als 3400 von deutschen Reedern betriebenen Schiffe nicht auf Deutschland allein fokussiert, es kommen vor allem viele Osteuropäer zur Weiterbildung nach Hamburg, hauptsächlich Ingenieure. Unterrichtssprache ist Englisch, nur die Lotsenkurse werden auf Deutsch abgehalten. Die Lotsenbrüderschaften Hamburg, Elbe und Nord-Ostsee-Kanal mit ihren 470 Mitgliedern gehören zu den Unterstützern der Anlage, seit dem heutigen Geschäftsführer Heinz Kuhlmann im Jahre 2006 die Idee dazu kam. Im Dezember 2007 wurde die Firma gegründet und insgesamt 6,5 Millionen Euro von Privatinvestoren eingesammelt. Neben den Lotsenbrüderschaften gehören Reedereien, Schiffspersonaldienstleister, Motorenhersteller und der Germanische Lloyd zu den zwölf Gesellschaftern; auch die Hansestadt Hamburg beteiligte sich mit 900 000 Euro. Bau und Einrichtung des 360-Grad-Simulators dauerten 15 Monate, rund 1500 Parameter mussten für Schiffstypen und Seegebiete angelegt werden, sodass die Anlage im Frühjahr 2009 eröffnet werden konnte. Obwohl es im Interesse der Reedereien liegt, durch die Kurse die Qualifikation ihrer Offiziere und Ingenieure zu erhöhen und so auch die Kapitänsausbildung zu verkürzen, und obwohl ein Teil der Kurse sogar Pflicht für Berufsseeleute ist, bekam auch das MTC durch weniger Anmeldungen die Auswirkungen der Wirtschaftskrise zu spüren. Wieder einmal halfen die Lotsen weiter, allein 70 Prozent der Gesamtauslastung wurden mit Kursen für die maritimen Pfadfinder abgedeckt. Neben der Aspirantenausbildung und Upgrades auf höhere Schiffsklassen und -längen ragte dabei die Vorbereitung auf den Erstanlauf des Frachtgiganten MARIT MAERSK heraus, mit knapp 370 Metern das bislang längste Containerschiff, das Hamburg jemals ansteuerte. Durch das vorherige Training wurde ein perfekter Ablauf beim wirklichen Besuch des Schiffsriesen gewährleistet, trotz des starken Nebels an diesem Tag.

Multitasking: Im Simulator muss man alle Instrumente im Blick haben, bedienen, auf Ansprache sowie Kommandos reagieren und möglichst vorausschauend handeln.

Das Training für die neue Gigantenklasse wird die Zukunft des MTC prägen, denn von den 170 Riesen, die bereits jetzt im Bau sind, werden mehr als die Hälfte an deutsche Reedereien ausgeliefert. Und die elektronischen Seekarten, die hier schon Standard sind, werden ab 2012 Vorschrift auf jedem Schiff – ein gewaltiges Trainingspotenzial. Am MTC wird aber nicht nur der Umgang mit Schiffen trainiert, auch für den Bau neuer Hafenbecken können wertvolle Informationen gegeben werden. So wurden die geplanten Baumaßnahmen für den Mittleren Freihafen in Hamburg und die sich daraus ergebenden Bedingungen für Frachtschiffe simuliert. Nach der Testreihe stand fest: Das Wendebecken muss größer werden als ursprünglich geplant, damit auch die neuen Großschiffe bei ungünstigen Witterungsbedingungen sicher anlegen können.

Außerdem bietet das MTC Workshops für Manager an, die im Simulator Stresstests unterzogen werden, begleitet von einem Psychologen, der die Interaktion der Gruppe, die Teamfähigkeit des Einzelnen und Konfliktlösungen analysiert. Auch wer privat schon immer ein Kreuzfahrtschiff oder einen Containerriesen steuern wollte, kann dies tun. Am Wochenende werden Laienkurse angeboten, ab knapp 400 Euro am Tag.

Nur noch dreißig Prozent
der hergestellten Taue bestehen
aus Naturfasern.

Die Strippenzieher von der Reeperbahn

Taue und Seile spielen auch in der modernen Seefahrt noch eine wichtige Rolle. Früher gab es in Hamburg viele Hersteller, aber heute droht der Handwerksberuf des Reepschlägers langsam auszusterben.

Die meisten Hamburger waren noch nie auf der Reeperbahn. Denn die echte Reeperbahn befindet sich nicht in St. Pauli, sondern auf der anderen Seite des Hafens in Hausbruch. Hier steht eine der letzten Arbeitsstraßen, nach der die weltbekannte Amüsiermeile benannt ist. Seit der aus dem Harz stammende Seilermeister Friedrich Lippmann 1850 der Liebe wegen in der Hansestadt hängen blieb, werden in dem von ihm gegründeten Betrieb Taue, Trossen und Seile hergestellt. Zunächst auf der Elbinsel Altenwerder, nachdem der Betrieb bei der Jahrhundertflut 1962 abgesoffen und 1979 abgebrannt war, verkaufte Urenkel Klaus Lippmann ihn aber 1982 nach jahrelangen Verhandlungen an die Stadt, die auf dem Gelände das modernste Containerterminal Europas errichten ließ.

Der 68-Jährige baute den Betrieb, den heute seine Tochter in der fünften Generation führt, auf der anderen Elbseite wieder auf, inklusive der 342 Meter langen Reeperbahn, weil dies trotz moderner Maschinen die qualitativ beste Methode für manche Spezialitäten ist. Neue Seilschlagmaschinen brauchen zwar nur ein Dreißigstel des Platzes, mit ihnen können aber auch nur Seile bis 40 Millimeter Durchmesser hergestellt werden.

Verwirrend: Aus vielen einzelnen auf Spulen aufgerollten Fäden werden die Kardeele eines Seils geschlagen.

Ältere Maschinen von 1930 schaffen immerhin eine Dicke von 50 Millimetern und 220 Metern Länge, aber alles, was darüber hinausgeht, wird noch immer auf der Reeperbahn gefertigt. Zum Beispiel Brandungstaue, 30 Zentimeter dick und 250 Meter lang, die dazu dienen, auf Reede liegende Schiffe zu sichern. Drehte sich bei Lippmann früher fast alles rund um die Seefahrt, liegt heute die Zahl des für Schiffe hergestellten Tauwerks unter 20 Prozent der Gesamtproduktion, die mehr als 3000 Artikel umfasst – darunter Hängebrückenseile und Kletternetze für Kinderspielplätze, Zugseile für Segelflieger und Forstarbeiter, Treppengeländer, Barabsperrungen, Katzenkratzbäume sowie Schnüre für Kitesurfer und eine eigene Angelserie namens »Hemingway«. So gibt es in ganz Deutschland keine 40 Reepschläger mehr, 30 davon arbeiten bei Lippmann German Ropes, wie die Firma heute heißt.

Die traditionell gefertigten Schiffstaue sind in der ganzen Welt gefragt, vor allem bei Hobby- und Sportseglern. Mit geteerten Seilen, wie sie jahrhundertelang Verwendung fanden, rüstete der Betrieb auch das auf seiner Jungfernfahrt 1628 gesunkene schwedische Kriegsschiff VASA aus, das nach der Bergung und Restaurierung in einem eigens gebauten Museum in Stockholm ausgestellt ist. Bei Reedern moderner Schiffe haben Materialien wie Hanf, Flachs, Sisal oder Kokos wegen der schwierigen Pflege aber keine Chance, nur noch 30 Prozent der hergestellten Taue bestehen aus Naturfasern. Hauptsächlich werden synthetische Seile aus Kunststofffasern gefertigt, die dünner als ein Menschenhaar sind, aber über eine immense Belastungsfähigkeit verfügen. Entsprechend eingefärbt sind sie von Naturseilen optisch kaum zu unterscheiden. Zur Produktion von Festmacherseilen für Tanker werden wegen der Feuergefahr mit Fasern umwickelte Stahldrahtlitzen verwendet, reine Drahtseile könnten Funken schlagen. Kreuzfahrtschiffe nutzen dagegen meist rein synthetisches Material wie Polypropylen oder Doppelflechtseile aus Polyester.

In der Produktionshalle rattern die Schlag- und Flechtmaschinen, die Spulen führen einen Bändertanz auf und flechten kunstvoll geknüpfte Seile. Beim Flechten werden auf Spulen aufgerollte Fäden kreisförmig um den Flechtpunkt herumgeführt. In Schlangenlinien gleiten sie auf sogenannten Klöppeln näher zum Flechtpunkt und wieder zurück. Da die unterschiedlichen Fäden sowohl im als auch gegen den Uhrzeigersinn verlaufen, werden sie miteinander verflochten. Ein Mitarbeiter überwacht vier bis sechs Maschinen, auch auf der Reeperbahn arbeiten nur noch drei Mann gleichzeitig an einem Seil. Vor der industriellen Einführung von Dampfmaschinen Anfang des 19. Jahrhunderts waren noch fast 200 Mann notwendig, um das Standardreep der britischen Marine von 1000 Fuß Länge (305 Meter) und 20 Zoll (50 cm) Umfang zu fertigen. Die Methode aber ist gleich geblieben: Die Fasern eines Seils sind zu millimeterdicken Fäden gesponnen und werden zu Litzen zusammengedreht. Diese Litzen laufen dann über ein Kranzbrett und werden auf der Reeperbahn über die gewünschte Länge gespannt und miteinander verdrillt. Dabei wird auch ein »Herz« oder »Seele« genanntes Seil in die Mitte eingeschlossen, denn bei umeinander verdrehten Litzen entsteht ein Hohlraum, ähnlich, als ob man aus Ein-Euro-Stücken einen Kreis legte. Die so entstehenden Seile, Kardeelen genannt, werden zu Tauen oder Trossen geschlagen. Die Schlagrichtung der Kardeelen und des gesamten Seils sind dabei einander entgegengesetzt, was ein Aufdrehen des Seiles verhindert. Früher liefen dabei die Reepschläger die Reeperbahn hinunter, heute übernimmt das ein Schlagwagen auf Schienen. Trotzdem kommt es vor allem auf Handarbeit und das menschliche Gefühl an. Ständig kontrolliert der Reepschläger, ob das Seil gleichmäßig fest ist und nicht weiter vorn weicher oder härter wird. Das Verbinden der Seilenden erfolgt durch das Spleißen, bei dem die Enden miteinander verflochten werden.

Das Prinzip ist seit Jahrtausenden dasselbe, bereits für das Mesolithikum, 10 000 Jahre vor Christus, wurden Seile und Fischernetze aus Weidenbast nachgewiesen. Es war ein notwendiges Bedürfnis, Tiere anzubinden und Kleidung zu verstärken oder zuzubinden. Die Herstellung von Seilen ist ein sehr altes Gewerbe – aber auch das älteste Gewerbe der Welt wird auf einer Hamburger Reeperbahn ausgeübt. Auf der, die jeder Hamburger kennt. Dabei ist die Namensgebung historisch gesehen wohl falsch, denn die eigentliche Bahn der Reeper soll die parallele Simon-von-Utrecht-Straße gewesen sein, die schnurgerade verläuft im Vergleich zur heutigen Amüsiermeile. Das ist wohl auch besser so, denn egal, ob damals oder heute, Reeperbahn-Besucher können ohnehin oft nicht mehr geraden Kurs halten.

Um die weiße »Seele« in der Mitte werden farbige Litzen geflochten.

Ein blauer Teppich für Kreuzfahrtschiffe

Hamburg hat eine lange Kreuzfahrttradition. Zum Vergnügen und zur Entspannung mit einem Schiff zu verreisen, war eine Idee von Albert Ballin, der eine Reederei der Hansestadt führte. Trotzdem wurde Passagierschiffen im Hafen jahrzehntelang keine große Bedeutung zugemessen. Aber seit dem triumphalen Empfang für die QUEEN MARY 2 im Jahre 2004 ist in der Stadt eine richtige Kreuzfahrteuphorie ausgebrochen.

Eigentlich hatten sie in Hamburg den Trend fast verschlafen: Während vor allem die Häfen in Kiel, aber auch in Bremerhaven und Warnemünde gezielt auf Kreuzfahrtgäste setzten und neue Terminals und Kais bauten, war es in Hamburg nur eine Handvoll Enthusiasten aus der Branche, die versuchte das Thema voranzutreiben. Einer dieser Kreuzfahrtbegeisterten war Joachim Köhn, der heute Geschäftsführer des Terminalbetreibers HCC Hanseatic Cruise Centers GmbH und mehr denn je davon überzeugt ist, dass Hamburg den Höhepunkt des Booms noch nicht erreicht hat: »Wir können uns noch gewaltig steigern. 2010 haben wir mit 104 Schiffsanläufen erstmals in der Hamburger Kreuzfahrtgeschichte die Hundertermarke übertroffen, und ich halte es für möglich, bis 2020 mehr als 250 Anläufe zu erreichen.« Denn Urlaub auf dem Schiff verzeichnet seit Jahren stetig steigende Wachstumszahlen auf dem deutschen Tourismusmarkt und ist für die Anlaufhäfen ein wichtiger wirtschaftlicher Faktor. Im Jahre 2010 verzeich-

Immer mehr
Kreuzfahrtschiffe küssen
die Kais in Hamburg.

nete man erstmals mehr als eine Million Kreuzfahrtgäste, das entsprach gerade mal einem Prozent aller deutschen Urlauber. Das Potenzial ist aber immer noch gigantisch: Der Vergleich mit Großbritannien oder den USA, wo fast drei Prozent der Bevölkerung Urlaub auf See machen, zeigt, dass eine Verdoppelung der deutschen Kreuzfahrtgäste in den nächsten Jahren durchaus realistisch ist. Mittlerweile ist auch die Elbe zum Blauen Teppich für Kreuzfahrtschiffe geworden, die Begeisterung der Hamburger für Ozeanliner wird weltweit mit Staunen zur Kenntnis genommen, und die Kreuzfahrtgäste leisten einen guten Beitrag bei der touristischen Entwicklung der Hansestadt. So strömten bei den Anläufen der QUEEN MARY 2 in den Jahren 2004 und 2005 jeweils rund eine halbe Million Menschen an die Elbufer, um die Königin der Meere zu sehen. Alle Hotelbetten der Stadt waren belegt, sämtliche Barkassen Monate im Voraus ausverkauft und die Restaurants der Hansestadt ebenso voll mit hungrigen Touristen wie die Shoppingmeilen

Das neue Terminal in Altona verfügt über eine fahrbare Gangway.

in der City. Auf rund 50 Millionen Euro schätzte der Hamburg Tourismus die Einnahmen für die Stadt allein an diesen Tagen. Dabei gab es noch im Jahre 2005 nur 27 Schiffsanläufe, ein Jahr später waren es aber bereits doppelt so viele, und ein zweites Terminal musste her. Bis Ende der 1990er-Jahre wurden Kreuzfahrtschiffe auf der Südseite der Elbe – quasi versteckt im riesigen Hafen – abgefertigt, zunächst am Schuppen 73 des alten Unikais, dann am O´Swaldkai, bevor es auf die andere Elbseite auf den Grasbrook ging, wo zunächst Zelte aufgestellt wurden. Im April 2004 wurde das als Provisorium vorgesehene Kreuzfahrtterminal am Großen Grasbrook mit den bunt lackierten Containern eröffnet, ein Entwurf des Hamburger Architektenbüros RWH, cer in nur vier Monaten realisiert wurde. Wie Legosteine ließen die Architekten 52 Container mit 16 Glaselementen mit Stahlrahmen zu einer 1200 Quadratmeter großen Halle zusammenfügen. Das zur Landseite auskragende Dach schwebt wie ein Segel darüber. Zur Anlage gehört

**Der Neubau bietet reichlich Platz
und kann auch für Events
oder Messen gemietet werden.**

auch der orange Aussichtsturm aus zwölf Tonnen Stahl, dessen Plattform sich elf Meter über dem Boden befindet und der einem gigantischen U-Boot-Periskop ähnelt. Das notwendig gewordene zweite Terminal wurde gleich neben das erste gesetzt, eine Industriehalle aus Fertigteilen – seither ist die gleichzeitige Abfertigung von zwei Schiffen am Grasbrook möglich.

Seit den viel beachteten Besuchen der QUEEN MARY 2 ist das Interesse anderer Reedereien stark gestiegen, maritime Events wie die Schiffstaufen der AIDAdiva, der AIDAblu, der MEIN SCHIFF oder der MSC MAGNIFICA sowie der traditionelle Hafengeburtstag und seit Neuestem auch die Cruise Days mit mehreren Schiffsanläufen über ein Wochenende verstärkten den Effekt. Es kamen nicht nur Kreuzfahrer, sondern in 2010 auch weit mehr als eine Million Tagesgäste. Das bedeutet hohe Einnahmen für die Hansestadt, rund

Atemberaubender Platz für Sehleute – Schaulustige sind in Altona immer willkommen.

105 Millionen Euro betrug die Wertschöpfung allein durch Kreuzfahrtgäste. Dabei weist Hamburg die höchste Wertschöpfungstiefe aller deutschen Häfen auf, immerhin 30 Prozent der Schiffsurlauber verbringen vor oder nach ihrem Törn zwei Nächte in der Hansestadt. Die wirtschaftliche Bedeutung geht weit über die rein tourismuswirtschaftlichen Umsätze hinaus, zahlreiche Branchen und Unternehmen profitieren von der Kreuzschifffahrt. Zum Umsatz zählen auch die Anlaufkosten der Kreuzfahrtschiffe wie Lotsen, Liegeplatz, Logistik, Sicherheit, Verproviantierung sowie die Ausgaben der Besatzungsmitglieder und der Tagesgäste. Nur für den Terminalbetreiber HCC Hanseatic Cruise Centers sind bei der Abfertigung 60 bis 70 Arbeitskräfte im Einsatz, vom Kranfahrer über die Abfertigungsleitung, Sicherheitspersonal, Gepäckträger, Parkeinweiser bis hin zu Gastronomiekräften und dem Toilettenservice. Mehr als 5000 Schichter wurden in der Saison 2010 geschoben, allein mehr als 350 000 Koffer von und an Bord gestemmt. Am Ende der Saison wurden 246 000 Passagiere gezählt, das entspricht mit knapp 94 Prozent fast einer Verdoppelung des Vorjahresergebnisses. Damit ist Hamburg der wachstumsstärkste deutsche Kreuzfahrthafen.

Großen Anteil an der rasanten Entwicklung hat der 1999 gegründete Verein Hamburg Cruise Center e. V., der sich der Förderung der Kreuzfahrt in Hamburg verschrieben hat. Derzeit verzeichnet man 64 Mitglieder, die einen Jahresbeitrag von mindestens 750 Euro im Jahr zahlen, neben Reedereien sind auch Dienstleister wie Lufthansa Systems, Fidelio oder Seachefs vertreten, dazu Wirtschaftsunternehmen und Händler wie zum Beispiel die Europapassage. Als Geschäftsführer konnte der langjährige HHLA-Vorstand Gerd Drossel nach seiner Pensionierung als renommierter Hafenexperte gewonnen werden, der sich zum Ziel gesetzt hat, insgesamt 80 Unternehmen bis Ende 2012 für den HCC e. V. zu gewinnen. Dabei hilft die hervorragende Vernetzung in der Hansestadt, im hochkarätigen Beirat sitzen acht ehrenamtliche Mitarbeiter aus Wirtschaft und Politik. Die gewaltigen Steigerungsraten der vergangenen beiden Jahre führt Drossel auch auf ein Umdenken bei den Reedereien zurück: »Hamburg ist zu einem Ganzjahresziel geworden. Früher ging die Saison von April bis September, jetzt wird es immer früher, in diesem Jahr haben wir bereits Anfang März begonnen und enden Mitte Dezember. Und 2012 fängt die Saison bereits am 8. Januar an, wenn die QUEEN ELIZABETH von Hamburg aus zu ihrer Weltreise aufbricht.«

Auch die weitgehende Sättigung der Mittelmeerrouten, auf die gerade US-amerikanische Reedereien in den vergangenen Jahren verstärkt Schiffe schickten, und der Andrang in den Häfen der Ostsee haben Hamburg geholfen, meint Drossel: »Die Nordsee wurde bislang eher vernachlässigt, aber Reedereien haben neue, attraktive Fahrtgebiete aufgebaut. Ein Marketingprojekt namens Atlantic Alliance, bestehend aus 17 Mitgliedshäfen von Lissabon bis Hamburg, entwickelt für diese Region spezifische Themenkreuzfahrten. So ist von Hamburg aus eine einwöchige Metropolentour möglich, mit Zielen wie Amsterdam, Brüssel, Paris und London.« Gerade erst hat die EU für das Projekt Cruise Gateway 1,9 Millionen Euro bereitgestellt. Zwölf Häfen aus Großbritannien, Skandinavien, den Niederlanden, Belgien und Deutschland sollen unter der Führung Hamburgs ein Konzept entwickeln, wie die Nordseehäfen im Kreuzfahrtgeschäft noch besser zusammenarbeiten und sich gemeinsam vermarkten können.

In puncto Attraktivität ist Hamburg bereits die Nummer eins unter den deutschen Kreuzfahrthäfen. Neben der Elbpassage als Teil der Reise schätzen die Schiffsreisenden vor allem die kulturellen Angebote der Hansestadt. Von den Sehenswürdigkeiten, der schönen Szenerie und der idealen Lage des Hafens her, müsse sich Hamburg nicht hinter Häfen wie Barcelona, Marseille oder gar Southampton verstecken, die aber auf ein Vielfaches an Kreuzfahrtgästen kommen: »Hamburg kann das auch, wir haben tolle Möglichkeiten, selbst große Schiffe können direkt bis ins Herz der Stadt fahren, und das Wetter ist nur bedingt ein Argument, auch in Barcelona scheint nicht immer nur die Sonne.«

Neben internationalem Flair punktet die Hansestadt durch die hervorragende Anbindung der Kreuzfahrtterminals, der Hauptbahnhof liegt gleich in der Nähe und der Flughafen ist ebenso schnell erreichbar wie die Autobahnen. Das überzeugt bislang vor allem deutsche Gäste, zwar konnten 2010 Passagiere aus 97 Nationen begrüßt werden, aber 91 Prozent der Kreuzfahrer stammten aus der Bundesrepublik. Darum glaubt Joachim Köhn, dass vor allem für die europäische Klientel etwas getan werden muss: »Da liegt eine große Wachstumschance. Für den ausländischen Markt sind allerdings noch mehr internationale Flugverbindungen am Airport Hamburg unerlässlich, um mit den Zahlen der führenden Häfen gleichziehen zu können.«

Gerd Drossel will mit seinem Team zunächst mit kleinen Schritten anfangen und den Service an den Terminals ausweiten, dort sollen Kreuzfahrern direkt Tickets für die Sehenswürdigkeiten in der Nachbarschaft wie Miniaturwunderland, Prototyp-Museum oder das Internationale Maritime Museum angeboten werden. Aber auch Drossel schwebt Größeres vor: »Wir brauchen einen Kreuzfahrtentwicklungsplan: Wo wollen wir 2020 stehen, was für neue Kapazitäten und welche Infrastruktur benötigen wir? Aber wir müssen auch über den Hafen selbst hinausdenken, gerade hat mit Costa Kreuzfahrten eine weitere Reederei ein Hamburger Büro mit 60 Mitarbeitern eröffnet. Wir haben in der Stadt bereits Cunard Line, Hapag-Lloyd, Ponant Yachtkreuzfahrten, TUI Cruises, Seabourn und Seacloud. Unser Ziel muss sein, weitere Reedereien und Agenturen für Hamburg zu gewinnen.«

Ein weiterer Schritt in diese Richtung ist der zweite Standort in Altona. Im Jahre 2007 entschied der Senat, ein weiteres Terminal zu bauen, seit 2009 ist die Kaimauer fertig, ein Jahr darauf wurden bereits vier Schiffe im alten DFDS-Terminal abgefertigt. Rund 30 Millionen Euro hat sich die Stadt das Hamburg Cruise Center Altona am Edgar-Engelhardt-Kai kosten lassen, mit einem Großliegeplatz für Schiffe mit einer Länge bis zu 300 Metern. Den Zuschlag für das Gebäude auf dem 22 000 Quadratmeter großen Grundstück im Bereich des ehemaligen Fischereihafens hatte erneut das Architektenbüro RWH bekommen. Entstanden ist eine rautenförmige Rahmenkonstruktion mit großen, schräg gestellten Glasfassaden, die zum Schutz vor der Sonne grün gehalten sind.

Die Terminalhalle ist 1500 Quadratmeter groß und flexibel möblierbar, so finden dort bei der Einschiffung Check-In-Schalter und Personenkontrolle statt, bei Ausschiffung Zoll und Gepäckausgabe. Außen verjüngt sich das Gebäude zu einer etwa 50 Meter langen, sanft ansteigenden Rampe, über die Passagiere auf die Gangway zum Schiff gelangen. Zur Elbe hin befindet sich ein Bistro mit Galerie und vorgelagerter Terrasse. Trotz der vorgeschriebenen strengen Sicherheitsmaßnahmen kommen Gäste dort ganz nah an die Schiffe heran, über eine große Freitreppe gelangt man zu der Farewell-Deck genannten Terrasse, die für die Öffentlichkeit zugänglich ist. Mit diesem weiteren Standort sind die Kapazitäten gestiegen, 47 Anläufe wurden im Einweihungsjahr 2011 am neuen Liegeplatz in Altona durchgeführt. Für das Jahr 2012 rechnet man in Hamburg mit rund 400 000 Passagieren.

Luftiges Ambiente auch am Boden.
Rund 30 Millionen Euro
hat das Terminal gekostet.

Wo welches Schiff abgefertigt wird, entscheidet die Betreibergesellschaft HCC Hanse-atic Cruise Centers nach nautisch-technischen Anforderungen, Schiffsgröße, Passagier-zahl, Anmeldedatum und Kundenwunsch. Mit den derzeit vorhandenen Möglichkeiten trauen Gerd Drossel und Joachim Köhn Hamburg bis zu sechs Kreuzfahrtschiffe auf ein-mal mit bis zu 22 000 an- und abreisenden Passagieren zu. Neben den Liegeplätzen in der HafenCity und in Altona würden zwei weitere Anlaufstellen am O´Swaldkai und ein Kai im restlichen Hafen, zum Beispiel an der Überseebrücke, infrage kommen. Langfris-tig wird aber auch das zur Dauerlösung gewordene Provisorium am Großen Grasbrook weichen, wenn am Chicagokai im neuen Überseequartier Süd das endgültige Cruise Center HafenCity eröffnet wird. Der zukünftige Schiffsbahnhof, der voraussichtlich 2015 in Betrieb gehen soll, wird ein Terminal mit fester Passagierbrücke bekommen, der Ent-wurf des römischen Architekten Massimiliano Fukas sieht dafür auch ein integriertes 400-Betten-Hotel vor. Dort sollen Schiffe bis zu 360 Metern Länge anlegen und jeweils bis zu 4000 Passagiere ein- und aussteigen können. Geht es nach Joachim Köhn, der mit Visionen und Einsatz schon beim Aufbau des Geschäfts richtiglag, reicht aber auch das noch nicht aus. Dem Kreuzfahrtfan und Enthusiasten erster Stunde schwebt ein drittes Terminal mit zwei Liegeplätzen vor, möglich wäre das am Standort Holthusen-kai an der Norderelbe. Mit dann insgesamt fünf festen Anlaufmöglichkeiten und den bereits vorhandenen Ausweichkais würde Hamburg im weltweiten Kreuzfahrtgeschäft endgültig an der Spitze mitmischen.

Ein Navi für die Weltmeere

Die optimale Route für ihr Schiff ist Reedern wichtig, denn das kann immens viel Treibstoff sparen. Nicht immer ist dies die kürzeste Strecke, sondern die mit den günstigsten Wetterbedingungen und Strömungsverhältnissen. Diese Daten werden an Land errechnet und täglich aktualisiert.

Manchmal ist Hilger Erdmann sozusagen mit mehreren Schiffen gleichzeitig unterwegs. Dann ist er zunächst mit einem Frachter auf dem Nordatlantik auf der Route von Europa in die USA beschäftigt, und ein paar Minuten später schaut er im Pazifischen Ozean für einen Tanker nach dem schnellsten Weg nach Yokohama. Was wie ein unmögliches Kunststück klingt, ist für den Meteorologen vom Deutschen Wetterdienst (DWD) normaler Alltag. Der 65-Jährige ist Schiffsroutenberater und rechnet für Reeder und Kapitäne optimale Fahrtstrecken aus. Er achtet darauf, dass heftige Stürme und gewaltiger Seegang von vornherein gemieden oder umfahren werden, und lotst die betreuten Schiffe sicher in den jeweiligen Zielhafen.

Die menschliche Navigationshilfe für die Meere gab es lange, bevor die satellitengestützten Systeme alltäglich wurden. In den 1950er-Jahren fiel die Beratung für Schiffe

Auf dem Dach hoch über dem Hafen liest Erdmann die Sonnenscheindauer ab.

als Nebenprodukt der Vorhersagen für die ersten Langstreckenflugzeuge an, die damals noch nicht nonstop über den Atlantik in die USA fliegen konnten, sondern zum Tanken Zwischenlandungen in Island und Neufundland vornehmen mussten und wegen des begrenzten Treibstoffs darauf angewiesen waren, rechtzeitig vor widrigen Winden gewarnt zu werden. Die Meteorologen stellten – damals noch ohne Computer – Drucktendenzgleichungen auf und nahmen eine mathematisch-physikalische Analyse vor, die gerade mal für eine 24-Stunden-Vorhersage taugte, weil sie nur Verlagerungen von Wetterlagen aufzeigen konnte und keine Abschwächung oder Verstärkung von Hochs oder Tiefs. Erst ab den 1980er-Jahren konnten sichere Drei-Tages-Prognosen erstellt werden. Einige Jahre zuvor hatte die Internationale Maritime Organisation (IMO) nach dem spurlosen Verschwinden des Frachters MÜNCHEN mit 28 Besatzungsmitgliedern während eines Unwetters im Dezember 1978 auf dem Atlantik die Schiffsroutenberatung dringend empfohlen. Erdmann beriet damals zur gleichen Zeit, als das Unglück passierte, einen anderen Frachterkapitän auf dem Nordatlantik, der aufgrund seiner Vorschläge dem herrschenden Sturm und hohen Wellen ausweichen konnte.

Waren bis dahin nur Vorhersagen für den Nordatlantik abrufbar, so wurde jetzt auch der Südatlantik einbezogen. Mitte der 1990er-Jahre erfolgte dann die Ausweitung auf alle sieben Weltmeere, und zur Wetterberechnung kam auch die Vorhersage des Seegangs hinzu. Die Beratung erfolgt durchgängig vom Start- bis zum Zielhafen, bis vier Stunden vor dem Auslaufen kann der Dienst gebucht werden. Zwar werden heutzutage auf modernen Schiffen aktuelle Wetterdaten auf die Computermonitore eingespielt, aber daraus kann nur ein Wettermodell abgeleitet werden. Beim DWD wird sehr viel genauer gearbeitet: Man zieht bis zu vier Modelle hinzu, und ein erfahrener Meteorologe überprüft diese mit Wahrscheinlichkeits- und Fehlerbetrachtungen. Jeden Tag wird neu gerechnet; Wetter, Seegang, Strömung sowie Fahrtverhalten des Schiffes werden in Betracht gezogen, denn schiffsspezifische Daten liegen dem Amt genauso vor wie Ladung und Versicherungsauflagen. Allein für die Wettervorhersage müssen riesige Datenmengen verarbeitet werden, die im Rahmen des Weltwetterwachtprogramms erhoben werden. Dies umfasst rund 10000 Landstationen weltweit, dazu kommen Daten von Satelliten, Flugzeugen und Schiffen, die zur Wetterbeobachtung eingesetzt werden. Außerdem hilft auch der normale Schiffsverkehr, allein rund 600 Schiffe deutscher Reedereien erfassen Daten, die ohnehin ins Logbuch eingetragen werden müssen, und geben sie weiter. Viermal pro Tag kommen in der Zentrale des Deutschen Wetterdienstes in Offenbach Messdaten aus aller Welt an, die Rechneranlage gehört zu denen mit den größten Kapazitäten in der Bundesrepublik. Aus diesen Daten werden Analysen und Gleichungsmodelle erstellt, die wiederum die Wettervorhersagen ergeben. Die Hamburger Routenberechner können von ihrem Arbeitsplatz aus auf diese Daten zurückgreifen.

Für Laien wirken die Computergrafiken, die Karten von Meeren und Küsten zeigen, wie ein Wirrwarr aus blauen und roten Pfeilen sowie grünen, violetten und schwarzen Ellipsen. Lesen die Meteorologen daraus, dass sich ein Sturm auf einer geplanten Schiffsroute entwickelt, werden aktualisierte Ausweichempfehlungen gegeben. Mindestens einmal pro Tag meldet sich die Brücke des zu beratenden Schiffs, bei Stürmen sogar alle drei Stunden, und gibt Position, Winddaten, Seegang sowie Temperatur durch. Besonders schwierig ist die Routenplanung für den Pazifik, denn aufgrund der riesigen Entfernungen sind nur Teilvorhersagen möglich. Sichere Vorhersagen können auch heute noch nur für maximal fünf bis sechs Tage gemacht werden, die meisten Fahrten von der Westküste der USA nach Asien dauern aber sieben bis zehn Tage.

Sechs Routenberater arbeiten beim DWD, der gesamte maritime Bereich, zu dem auch der Seewetterdienst und Gutachter für Unfälle und Havarieschäden gehören, umfasst 15 Personen. Bis zu 900 Fahrtplanungen werden pro Jahr durchgeführt. Reedereien kön-

In der Bernhard-Nocht-Straße werden aus den Daten von rund 10 000 Wetterstationen weltweit die Vorhersagen berechnet.

DWD

DEUTSCHER WETTERDIENST

Windrichtung	Lufttemperatur	Luftdruck
117 Grad	-3.3 °C	1005 hPa

Windgeschwindigkeit	Niederschlag seit 19 Uhr	rel. Feuchte
8.2 kt	0 mm	79

Zeitreihen Nordsee/Os

```
             vorhersagen von Di 16.02.2010 00 UTC:
          Windstaerke Beaufort, Wellenhoehe Meter      2 C
                                              WT:   1  M  SNOW
         Noerdl.Borkum (53.6N   6.7E)     5         1  M
           Di 16.  12Z:  SE-S          4-5          1  M
              16.  18Z:  SE              5         0 5  M
                   00Z:  SE
                   5Z:
```

Beruhigend altmodisch:
Mit modernsten Mitteln erfasste
Daten werden hier gesammelt,
geordnet und bei Bedarf herangezogen.

**Täglich wird
die empfohlene Route
geprüft und optimiert.**

nen damit richtig Geld sparen, denn die Grundberatung für die ersten fünf Tage kostet 248 Euro, ab dem sechsten Tag kommen pro 24 Stunden 16 Euro hinzu. Mit den Empfehlungen der Meteorologen kann die Fahrtdauer auf dem Pazifik aber um bis zu zwei Tage verkürzt werden, was mehrere Tausend Euro Ersparnis für die Reederei ausmacht. In der Regel werden die Ratschläge der Routenplaner befolgt, die Entscheidung darüber obliegt dem Schiffskapitän. Entscheidet er aber anders, trägt er allein das Risiko für eventuelle Schäden und Verspätungen. Kunden sind hauptsächlich Frachtschiffreedereien: Charterschiffe sollen möglichst treibstoffsparend fahren und so im Hafen ankommen, dass sofort nach dem Anlegen die Fracht gelöscht werden kann. Im Liniendienst kommt es auf die genaue Einhaltung des Fahrplans an. Aber auch Kreuzfahrer werden beraten meistens wenn Arktis oder Antarktis das Ziel sind. Neben Reedereien nehmen auch Betreiber und Erbauer von Windrädern sowie Ölbohrinseln den Dienst des DWD in Anspruch und ebenso die Schlepperflotte des Hamburger Hafens. Das Angebot können aber auch Sportschiffer und andere Privatleute wahrnehmen, und – man staune – selbst ein Abenteurer gehört zur Klientel: Arved Fuchs, bekannt durch seine Polarexpeditionen, lässt sich regelmäßig beraten.

Die Computerberechnungen und -grafiken sind komplex und für Laien verwirrend.

Reusen und Netze zwischen Ozeanriesen

Mitten im drittgrößten Hafen Europas holt Olaf Jensen zwischen Ozeanriesen, Containerterminals und Dockanlagen seinen Fang aus dem Wasser. Und hat dabei sogar eine chinesische Delikatesse entdeckt.

Kurz nach Sonnenaufgang fließt die Elbe bei Finkenwerder ruhig dahin, bis auf die ersten Elbfähren ist noch kein Verkehr auf dem Wasser. So ist das Tuckern des 25-PS-Außenbordmotors neben dem Wasserschlag an der Bordwand das einzig vernehmbare Geräusch. Es ist auch diese Morgenstimmung, die Olaf Jensen an seinem Beruf liebt, vor allem im Winter hat das sonst so harte Gewerbe romantische Momente: »Wenn dann über der Stadt die Sonne aufgeht, habe ich immer die ›Morgenstimmung‹ aus der Peer-Gynt-Suite im Sinn.«

Der 51-Jährige hat bereits als Kind gemeinsam mit seinem Bruder, der heute als Bootsbaumeister selbstständig ist, viel geangelt und Netze gesetzt. Jensen war dabei so erfolgreich, dass er sein Politik- und Geschichtsstudium damit finanzieren konnte. Er saß bereits an seiner Abschlussarbeit, als er den Entschluss fasste, zukünftig nicht jeden Tag

Die Jolle von Hafenfischer
Jensen ist niedrig und klein,
aber sehr wendig.

Fischen zwischen Containergiganten
und haushohen Kränen

stundenlang am Schreibtisch zu hocken, sondern draußen in der Natur zu arbeiten. So wurde er Berufsfischer, zunächst auf der Ostsee, wo sein zweites Boot in Kappeln liegt, und seit zwölf Jahren auf der Elbe. Seitdem fährt er täglich Stellnetze und Reusen ab, entweder auf dem Meer oder auf dem Fluss. Es waren harte erste Jahre, meint Jensen: »Niemand sagt dir, wo die besten Plätze sind, das muss man ausprobieren und selbst herausfinden. Wichtig ist, dass man das Fress- und Laichverhalten der einzelnen Arten genau kennt.«

Die Betätigung als Hafenfischer wurde in Hamburg in der Regel aus der Not geboren, während und nach den beiden Weltkriegen versuchten Hunderte ihr kärgliches Mahl aufzubessern. Heute gibt es auf der gesamten Elbe nur noch sechs Berufsfischer, ein Kollege fängt auch im Hafen. Rund 70 Arbeitsstunden pro Woche, manchmal auch um 3.00 Uhr morgens, weil die Arbeitszeiten sich nach der Tide richten – die Morgenroman-

Nach dem Fischfang ist die Arbeit nicht vorbei: Netze und Reusen müssen kontrolliert und repariert werden.

tik verblasst schnell. Die Saison beginnt mit Stint im Frühjahr, von Mai bis Oktober wird vor allem Aal gefangen, ab Oktober bis Dezember dann Zander, bevor Jensen auf der Elbe Winterpause macht. Neben Fischen ist Jensen seit Kurzem auch auf einen exotischen Einwanderer aus: die Wollhandkrabbe, die um 1910 durch Ballastwasser in Hamburg eingeschleppt wurde. Das Krebstier war Beifang und wurde bekämpft, weil es mit seinen starken Scheren die Reusen beschädigte. Erst als ein chinesischer Freund sich lebhaft für das »Ungeziefer« interessierte, wurde Jensen aufmerksam. Er fand heraus, dass die Wollhandkrabbe asiatischen Gaumen als Delikatesse gilt, und verkauft sie jetzt an China-Restaurants. Dort landen die Krabben nicht auf der Karte, sondern auf den Tellern der Gastronomen selbst.

Geschickt lenkt Jensen seine dänische Bredgaard-Jolle BUTT mit der Fischereinummer KAP 250 an den Terminals von »Eurogate« vorbei. Links und rechts ragen die gewaltigen

Stahlwände von mehr als 300 Meter langen Containergiganten direkt neben der fünf Meter messenden BUTT empor. Von hier unten, mit dem Hintern 40 Zentimeter über der Elbe sitzend, wirken die Schiffsriesen doppelt so imposant, fast bedrohlich. Für den Hafenfischer ist die Jolle aber das perfekte Arbeitsgerät, denn sie ist klein und wendig, was bei der starken Elbströmung von bis zu sechs Knoten wichtig ist. So fährt Jensen sogar direkt unter dem Heck von einem der Stahlkolosse hindurch, mit ausgestrecktem Arm könnte man beinah die Bordwand berühren.

Da, wo das Wasser flacher wird, in Ecken und Buchten sowie in der Nähe der zahlreichen kleinen Hafenbrücken hat er seine Reusen ausgelegt. Bis zu 70 Meter sind die Reusenstrecken lang, früher hat Jensen die mit Fang, Schlamm und Unrat gefüllten Körbe mit der Hand aus dem Wasser gezogen, seine kräftigen Unterarme kommen nicht von ungefähr. Heute bringt eine hydraulische Winde große Arbeitserleichterung, die Reusen sind ruckzuck geleert und der glitschige Fang sofort in der Bünn sortiert, dem Fischbehälter, der mittig längs im Boot angebracht ist. Nach Größe und Unterart werden Besatz-, Suppen-, Brat- oder Räucheraal unterschieden.

Sein Fangrekord liegt bei 100 Kilo Fisch, aber es gibt nicht wenige Tage, da kommt Olaf Jensen nur mit sieben, acht Kilo Fang nach Finkenwerder zurück. Außerdem haben sich in den vergangenen Jahren die Verkaufspreise halbiert, seine Frau verdient im Gesundheitswesen mit, sonst wäre es eng für die Familie mit den beiden Söhnen.

Dabei ist Elbfisch auf norddeutschen Tellern wieder begehrt. Bis Anfang der 1990er-Jahre war der Fang nicht zu vermarkten, erst nach der Wende wurde es besser, als die teils giftigen Industrieabwässer aus der ehemaligen DDR ausblieben. Seitdem hat sich die Gewässerqualität stark verbessert, das Wasser ist so sauber, dass sich zahlreiche Fischarten wieder angesiedelt haben. Die Elbe war der produktivste Fluss Deutschlands, bis nach dem Zweiten Weltkrieg Nebenarme abgeschnitten werden, die Fahrrinne verbreitert und für die Elbvertiefung massiv gebaggert wurde. Besonders schlimm war für den Hafenfischer die Zuschüttung des Mühlenberger Lochs für die Erweiterung der Airbus-Anlagen: »Das war die Kinderstube der Fische, vor allem der Zander kam in die Flachwasserzone zum Laichen, und das Gebiet war auch wichtig für die Sauerstoffproduktion, seitdem gibt es im Wasser vermehrt Sauerstofflöcher.«

Knapp acht Stunden dauert eine Tagestour, das Fanggebiet reicht von Wedel elbaufwärts bis zur oberen Hafengrenze bei der Bunthausspitze, wo sich der Fluss in Norder- und Süderelbe teilt. Auf dem Weg zurück nach Finkenwerder wird es ungemütlich und ziemlich nass. Auf der kleinen Jolle bekommt man hautnah mit, wie kabbelig der Strom selbst bei einer leichten Brise sein kann. Gischt spritzt, Wasser schwappt über die Bordwand, es geht auf und ab durch Wellentäler, die Bugwellen der vorbeiziehenden Fähren, Frachter und Schuten tun ihr Übriges, wie muss es erst sein, wenn man

Know-how nicht nur beim Auslegen der Netze: Der Fang muss auch fachgerecht aus den Maschen befreit werden.

einem der Containergiganten begegnet? Trotz Ölzeug ahnt man selbst an diesem lauen Frühsommertag, wie hart das Fischerleben in den Wintermonaten bei starken Böen und eisigen Temperaturen sein muss.

Nach der Schicht auf dem Wasser ist die Arbeit noch nicht vorbei. Zunächst wird der Fisch gewogen, geschlachtet, ausgenommen und ins Kühlhaus gebracht. Die Räucherware wird eingesalzen und vorbereitet, einen Tag pro Woche verbringt Jensen an seinem Räucherplatz im Restaurant »Fischerhus«. Rund eine Stunde dauert es, das Boot zu säubern, es müssen Reusen geflickt werden, dann wartet der Papierkram. Restaurants, einzelne Fischgeschäfte und Großhändler hat der Hafenfischer als feste Abnehmer gewonnen. Und selbst sonntags muss er früh raus, nicht zum Fisch- sondern zum Kundenfang. Auf dem Fischmarkt in St. Pauli hat er einen festen Standplatz, auf dem Ponton hinter der Fischauktionshalle.

Bis er 63 wird, will Olaf Jensen noch täglich aufs Wasser, obwohl ihn bereits heute die ersten Zipperlein plagen. Die Knie sind kaputt und die Ellbogengelenke schmerzen von der jahrzehntelangen Handarbeit ohne Hydraulik. Ein Leben ganz ohne Fischfang kann sich dieser Hamburger Hafenfischer aber trotzdem nicht vorstellen: »Ich fahre sicher bis an mein Lebensende immer mal wieder raus. Es hat ja einen Grund, warum an allen Küsten auf der Welt alte Fischer jeden Tag am Hafen sitzen und beim Angeln Döntjes erzählen – das lässt einen nie mehr los.«

Die größte maritime Sammlung der Welt

Eine riesige Fülle an Kostbarkeiten hat Peter Tamm mit seiner Sammelleidenschaft zusammengetragen und in eine private Stiftung überführt. Hamburg hat dieser unglaublich umfangreichen Ausstellung für 99 Jahre einen historischen Kaispeicher kostenlos zur Verfügung gestellt. Im Internationalen Maritimen Museum haben alle Stücke mit Schifffahrt zu tun.

Sogar der Hausherr selbst schüttelt mit dem Kopf, wenn er auf den gewaltigen Umfang der Ausstellungsstücke im Internationalen Maritimen Museum angesprochen wird: »Man darf mit dem Sammeln nicht so früh anfangen wie ich, sonst wird es der reine Wahnsinn. Fangen sie bloß erst mit 70 Jahren an, dann bleibt es im Rahmen.«

Rund 75 Jahre dauert dagegen bei Peter Tamm die Sammelleidenschaft bereits an, sie begann im Alter von sechs Jahren, als seine Mutter ihm im »Kinderparadies« in der Eppendorfer Landstraße das Bleimodell eines Küstenmotorschiffes kaufte. Genauso wie beim kleinen Peter damals die Augen gestrahlt haben mögen, glänzen sie immer noch beim erwachsenen Tamm, dem ehemaligen Vorstand des Axel-Springer-Verlags, wenn er von seinem ersten Sammlerstück erzählt. Und die liebevolle Mama hätte sicher zweimal überlegt, wenn sie geahnt hätte, was sie mit diesem kleinen Geschenk anrichtete. Denn fortan war Peter Tamm mit dem Sammelvirus infiziert.

Der Kaispeicher B wurde der Stiftung für 99 Jahre kostenlos zur Verfügung gestellt.

Mehr als 36 000 Schiffsmodelle, 5000 Ölgemälde, 100 000 Briefmarken, eine Million Fotos sowie unzählige nautische Instrumente, Seekarten, Dokumente, Tonaufnahmen, Waffen, Uniformen und Orden hat er seitdem zusammengetragen: »Wenn ich umgezogen bin, war zunächst immer noch Platz für neue Stücke, aber kurze Zeit später war dann wieder alles vollgestellt und wir mussten uns erneut eine größere Bleibe suchen.« Das ist bis heute so geblieben, auch nachdem Tamm seine Schätze Ende 2002 in eine private Stiftung überführte und die Sammlung nach Jahrzehnten in der eigenen Villa an der Elbchaussee nun in der HafenCity ausstellt. Das Internationale Maritime Museum befindet sich jetzt auf einer Fläche von 16 000 Quadratmetern im ältesten Hamburger Kaispeicher von 1878. Den historischen Kaispeicher B hat die Stadt Hamburg für 30 Millionen Euro sanieren und umbauen lassen und der Stiftung, die das Museum verwaltet, für 99 Jahre kostenlos zur Verfügung gestellt. Diese Tatsachen hatten im Vorfeld der Eröffnung am 25. Juni 2009 durch den damaligen Bundespräsidenten Köhler Kritik hervorgerufen, auch wegen des militärischen Teils der Sammlung hatte es Proteste gegeben. Tamms Haltung zu diesen Protesten ist klar und eindeutig: »An jedem Stück hier im Museum hängen Menschen dran, und die Erinnerung an diese Menschen zu erhalten, ist mir wichtig. Jede Uniform hat einen Zettel in der Tasche mit den persönlichen Daten des Trägers. Das ist wahrhaftige Geschichte und auch nicht einseitig, wir haben hier ja von allen beteiligten Parteien etwas.«

3000 Jahre Schifffahrtsgeschichte sind auf zehn Etagen ausgestellt. Bereits vor dem Eingang geht es los: Im Foyer stehen drei Meter lange Modelle der QUEEN ELIZABETH 2 und des Containerfrachters E.R. SHANGHAI. Was im Inneren folgt, ist eine Schau der Superlative – Peter Tamm hat die größte maritime Sammlung der Welt zusammengetragen: »Schifffahrtsgeschichte ist die Geschichte der Menschheit, ohne Boote wären viele Entdeckungen, Besiedlungen und der Wirtschaftsverkehr gar nicht möglich gewesen. Ich hab immer alles gesammelt, was mit Schiffen zu tun hatte, und was ich wollte, habe ich auch irgendwann bekommen. Ich kann warten und ungeheuer stur werden.« Das Ergebnis von Geduld und Beharrlichkeit ist auf den sogenannten Decks zu sehen, und die Ausstellungsräume vermitteln Besuchern durch Planken und viel dunkles Holz tatsächlich den Eindruck, an Bord eines Schiffes zu sein. Jedes der neun Decks ist einem Thema gewidmet, von der »Entdeckung der Welt« über »Handels- und Passagierfahrt«, »Krieg und Frieden« sowie »Expedition Meer« bis hin zu der »Großen Welt der kleinen Schiffe« mit den Miniaturmodellen. Die zehnte Etage hoch über den Dächern der HafenCity ist als Veranstaltungsraum zu mieten.

Dabei sind im alten Kaispeicher noch längst nicht alle Kostbarkeiten ausgestellt, gleich nebenan im klimakontrollierten Lager des Heinemann-Speichers lagern noch Hunderttausende von Sammlerstücken, darunter 130 000 Bücher, 15 000 originale Schiffsspeisekarten oder Geschirr und Standarten der Kaiseryacht HOHENZOLLERN: »Wir bräuchten noch ein weiteres Haus, um wirklich alles zeigen zu können«, so Peter Tamm, »hier lagert Stoff für Tausende von Doktorarbeiten.« Besonders stolz ist er auf die mehr als 60 000 Konstruktionspläne, viele davon persönlich aus Werftinsolvenzen oder vor aufräumenden Erben gerettet: »Die Geschichte muss doch erhalten werden, aber gerade nach dem Zweiten Weltkrieg wurde unheimlich viel einfach weggeschmissen. Und auch heute interessieren sich nur wenige der nächsten Generation für Dinge, welche die Altvorderen zusammengetragen haben. Von den Bauplänen eines Schiffs leitet sich aber alles ab, auch die Miniaturmodelle.«

Mittlerweile verfügt das Museum über einige Tausend privater Nachlässe, die von einem Teil der insgesamt 25 Mitarbeiter und einigen Ehrenamtlichen gesichtet und katalogisiert werden. Allein in den vergangenen beiden Tagen hat Tamm mehr als 100 große Papiermodelle, japanische Kekse in Form des größten jemals gebauten Kriegsschiffs und das Modell der Superyacht PELORUS geschenkt bekommen.

Seinen größten Coup landete der Sammler, als er in den 1960er-Jahren in London Trödelhändler abklapperte. Noch heute kann Tamm sein Glück kaum fassen: »Der wusste gar nicht, was er da eigentlich herumstehen hatte. Das war so ein typischer Trödler, Treppe runter ins Souterrain, dreckige Scheibe und dahinter alles vollgestopft. Inmitten des ganzen Plunders stand ein großes Schiffsmodell, fingerdick mit Staub bedeckt, da bin ich rein und hab mir das genauer angeguckt.«

Der Staubfänger entpuppte sich bei näherer Betrachtung als Knochenschiff, ein aus Tierknochen gefertigtes Modell, wie sie Kriegsgefangene der Engländer während der Napoleonischen Kriege anfertigten, um sie gegen Essbares einzutauschen. Der Nachbau der CHESAPEAK, einer 1799 vom Stapel gelaufenen Segelfregatte der US Navy, ist das größte erhaltene Knochenschiff der Welt und heute von unbezahlbarem Wert. Tamm handelte den Trödelhändler auf 300 Pfund herunter, ließ das Modell nach Hamburg bringen und aufwendig restaurieren: »Leider passiert so etwas beim Sammeln nur ein einziges Mal und nicht hundertmal.« Das Knochenschiff kann man in der »Schatzkammer« auf Deck 8 bewundern, im krassen Gegensatz dazu sticht dort neben zahlreichen Silber-, Elfenbein- und Bernsteinschiffen ein besonders glänzendes Ausstellungsstück hervor: der Nachbau der Kolumbus-Karavelle SANTA MARIA aus 2,5 Kilogramm purem Gold. Bei diesem einzigartigen Stück hatte Tamm selbst die Hände im Spiel: »Ich kannte den Juwelier, und der wollte zum 250. Geschäftsjubiläum was ganz Besonderes herstellen. Mensch, hab ich gesagt, das ist doch auch das Jubiläumsjahr von Christopher Kolumbus, bau doch sein Schiff nach!«

Ein Jahr Arbeit steckt in dem Goldschiff, selbst die Takelage drehte der Juwelier aus feinsten Golddrähten und schuf ein einzigartiges Stück, das zum Ende des Jubiläumsjahres natürlich in Peter Tamms Sammlung landete. Nicht mit Gold aufzuwiegen ist der erste gezeichnete Schiffsriss der Welt, den William Holtridge 1684 zu Papier brachte. Bis zu diesem Zeitpunkt wurden immer Holzmodelle der zu bauenden Schiffe angefertigt, damit sich der meist adelige Auftraggeber ein Bild machen konnte – über solche jahrhundertealten Holzmodelle verfügt das Museum selbstverständlich auch. Fragt man Tamm nach seinen Lieblingsstücken, braucht er nicht lange nachzudenken: »Das gesamte Museum, ich finde jedes Stück toll.« Besonders stolz ist er auf die Originalbriefe von Lord Nelson, der Held von Trafalgar ist für ihn der Größte.

Es befinden sich aber nicht alle gesammelten Kostbarkeiten in der HafenCity, in seinem Privathaus verwahrt Tamm »die Dinge, die mit der eigenen Familie zu tun haben«. Tamm und seine Ehefrau stammen beide aus Seefahrerfamilien, im Ersten Weltkrieg waren die Väter bei der U-Boot-Flotte. Der Schwiegervater als Kommandant auf UC 91, der eigene Vater als Maschinist auf UB 50: »Die beiden Schiffe lagen in der Adria eine Zeit lang nebeneinander im Hafen. Als meine spätere Frau und ich unsere jeweiligen Familienalben angeschaut haben, waren da teilweise dieselben Fotos drin.«

Der Nachbau der WAPPEN VON HAMBURG dominiert das Treppenhaus.

Nur ein Stück war zu groß für die heutige Unterkunft, der vier Meter lange Nachbau der WAPPEN VON HAMBURG, der im Treppenhaus des Museums hängt. Der Kommandant des Konvoischiffs aus dem 18. Jahrhundert hieß Martin Tamm. Aus der Familie hat er vor allem seinen achtjährigen Enkel mit der Leidenschaft für Schiffe angesteckt, »der ist schon Spezialist für Kriegsschiffe«.

Herzstück der Sammlung sind die rund 36 000 kleinen und 1000 großen Schiffsmodelle auf Deck 9, wo gerade die Containerterminals von Bremerhaven detailgetreu im Miniaturformat aufgebaut worden sind. Sieben Jahre Handarbeit stecken in dem exakten Nachbau, sogar jeder einzelne von den Tausenden von Mini-Containern wurde durch feinste Pinselstriche mit Schriftzügen versehen. Auf Deck 6 wird die Geschichte der Handels- und Passagierschifffahrt erzählt, vom Kaffeesack bis zum Container; vom Glamour der alten Ozeanliner bis zur modernen Kreuzfahrtindustrie. Mit Originalmobiliar eingerichtete Kabinen der Viermastbark SEA CLOUD II und des 5-Sterne-Schiffs HANSEATIC zeigen Kreuzfahrtluxus, Hängematten und Segelmacherwerkzeug dagegen den

harten Alltag der Seeleute in den vergangenen Jahrhunderten. Deck 7 dagegen taucht unter die Oberfläche: Es ist der Tiefsee und der Meeresforschung gewidmet. Auch an die kleinen Besucher wurde gedacht. In der Tauwerkstatt gibt es für Kinder viele Knoten und Tampen zum Anfassen und Nachknüpfen, auf Deck 1 steht ein sechs Meter langer Nachbau der QUEEN MARY 2, gebaut aus 780000 Legosteinen in 1200 Baustunden. 870 Kilo wiegt der Bausteinkoloss. Auf Knopfdruck leuchten Unter- und Oberdeck oder das Schiffshorn dröhnt, gleich daneben dürfen die kleinen Seebären eigene Modelle zusammenstecken und den Profis der Modellbauwerkstatt bei der Arbeit zusehen.

Mit einem einzigen Besuch ist die Fülle der gesamten Sammlung gar nicht zu erfassen, man nimmt sich am besten von vornherein vor, nur die Themendecks anzuschauen, die einen am meisten interessieren – das Internationale Maritime Museum ist mehr als nur einen Besuch wert. Fehlt Peter Tamm noch irgendetwas in seinem Museum?

»Ja, weitere Stifter!«

Die spannendste Baustelle der Stadt

Kaum ein Hamburger Projekt wurde in den vergangenen Jahren so heiß diskutiert wie die Elbphilharmonie. Der Prestigebau in der Hafen-City soll das neue Wahrzeichen der Hansestadt werden, vergleichbar mit der Oper in Sydney. Doch lange Querelen um Baukosten und Fertigstellung erregen die Gemüter genauso wie die herausragenden architektonischen und musikalischen Konzepte, die weltweit Anerkennung finden. Bereits vor der Eröffnung, die derzeit für September 2013 avisiert ist, stimmen Konzerte auf den neuen Spielort ein. Das einzigartige Gebäude nimmt unterdessen zunehmend Gestalt an.

Die Aussicht von hier oben ist fantastisch: Man kann den gesamten Hafen überblicken, die großen Pötte fahren elbaufwärts direkt auf einen zu. Die einmal um das Gebäude laufende Terrasse gehört zur sogenannten Plaza, liegt in 37 Metern Höhe und bietet einen 360-Grad-Rundumblick. Die Kirchtürme der Innenstadt sind ebenso gut auszumachen wie die gesamte HafenCity. Es gehört nicht viel Fantasie dazu, sich auszumalen, dass zukünftig viele Einheimische und Touristen hier verweilen werden, denn diese Aussichtsplattform wird für jedermann zugänglich sein.

**Neues Wahrzeichen: Wenn die Elbphilharmonie
endlich fertiggestellt ist, wird sie zu
einem markanten Symbol für Hamburg.**

Mit 110 Metern Höhe wird die Elbphilharmonie
das höchste bewohnte Gebäude der Hansestadt.
Michel (131 m) und Fernsehturm (272 m)
prägen gemeinsam mit dem neuen Bauwerk die
Stadtsilhouette.

**Der fantastische Ausblick
von der Plaza.**

Die Elbphilharmonie liegt am Ende des Dalmannkais, dem westlichsten Punkt der HafenCity. Das Grundgerüst des Gebäudes bildet der 1963 erbaute Kaispeicher A, der als Lager für Kakao, Tabak und Tee diente. Der Umbau des alten Speichers zur Elbphilharmonie geht auf eine Idee des Projektentwicklers Alexander Gérard und der Kunsthistorikerin Jana Marko zurück. Das renommierte Baseler Architektenbüro Herzog & de Meuron stellte im Juni 2003 seinen ersten Entwurf vor, der einen atemberaubenden Glasaufbau auf der Backsteinfassade des alten Speichers mit geschwungener Dachform vorsah. Im November 2004 trat die Stadt Hamburg in den Vertrag ein und entwickelte unter Leitung der städtischen Gesellschaft ReGe das Projekt weiter. Eine Machbarkeitsstudie schätzte im Juli 2005 die Gesamtkosten auf 186 Millionen Euro, im Oktober wurde die »Stiftung Elbphilharmonie« gegründet, die bislang mehr als 68 Millionen Euro Spenden eingeworben hat. Ein Jahr später gewann das Konsortium ADAMANTA den Bieterwettbewerb mit einem Angebot von 241 Millionen Euro. Darin waren aber die Ausweitung der Geschossfläche auf 120 000 Quadratmeter und ein dritter Konzertsaal enthalten, den Zuschlag als Generalunternehmer erhielt Hochtief. Die Bürgerschaft der Hansestadt stimmte der Realisierung am 28. Februar 2007 einstimmig zu.

Nach der Grundsteinlegung am 2. April 2007 bekam der Speicher ein blaues Stahlkorsett, um die Außenmauern zu stützen. Danach begann eine komplette Entkernung, im August wurden Bagger auf das Dach gehievt, um ihn von oben bis unten auszuhöhlen. Grund wurde aufgeschüttet und die Eingangsebene um vier Meter auf 8,50 Meter angehoben, um flutsicher zu sein. Das Fundament wurde zusätzlich zu den 1111 Betonpfeilern, auf denen der alte Speicher im Hafenschlick stand, mit 620 Pfählen verstärkt, um das Gewicht von 200 000 Tonnen tragen zu können.

Bis zu 110 Meter soll die Elbphilharmonie einmal in den Himmel ragen und damit das höchste bewohnte Gebäude Hamburgs werden. Auf 26 Stockwerken wird es dann neben drei Konzertsälen auch ein Hotel mit 250 Zimmern, ein Restaurant, 47 Nobelwohnungen und ein öffentliches Parkhaus für 510 Autos und 200 Fahrräder beherbergen. Die Spindel für die Auffahrtsspiralen ist bereits fertig, ebenso der Rohbau des Parkhauses bis zum fünften Stock.

Betreten wird das Gebäude durch einen 60 Meter langen, offenen Eingangsschlitz, die Wandverkleidung des Eingangs soll mit Monitoren und Leuchten verkleidet werden. Im Erdgeschoss ist die Röhre für die 82 Meter lange Rolltreppe bereits fertig, aber noch gesperrt. Die Rolltreppe, deren Ende man von unten aus nicht sehen wird, weil die Fahrt nach oben über eine konkave Krümmung verläuft, wird die Besucher vom Eingangsbereich zur Plaza hinaufbringen. Nun geht es noch mit dem Baufahrstuhl an der Außenseite des Gebäudes hinauf zur Aussichtsplattform, die etwas höher liegt als das frühere Dach und die Schnittstelle zwischen Sockel und Aufbau bildet. Sie ist mit 4400 Quadratmetern fast so groß wie der Rathausmarkt, hier werden sich ein Café, die Hotellobby sowie die Zugänge zu Ticketschaltern, dem Foyer mit den Konzertsälen und den Eingängen der Wohnungen befinden. Die gesamte Konstruktion wirkt leicht und schwebend, denn es gibt nur wenige, schräge Stützen. Bis zu 15 000 Euro pro Quadratmeter sollen die 47 Wohnungen kosten, über die Zahl der Interessenten oder gar Käufer erfährt man nichts. Für den Innenausbau wird der italienische Wohndesigner Antonio Citterio verantwortlich sein.

Mehr als 800 Handwerker arbeiten derzeit auf der Großbaustelle, die Arbeiten laufen auf Hochtouren. Hohe Baukräne hieven schwere Lasten in die obersten Etagen, Arbeiter laufen herum, bellen Kommandos in Funksprechgeräte. Insgesamt werden etwa 18 000 Tonnen Stahl und 63 000 Kubikmeter Beton verarbeitet. Rund 80 000 Lkw-Ladungen Rohre, Stahlgitter, Isoliermatten und Beton sind bislang geliefert worden. Die 21 000 Quadratmeter große Glasfassade setzt sich aus 1089 Elementen zusammen, die wie Linsen nach außen oder innen gebogen sind. Sattelschlepper bringen das mehrscheibige Isolierglas aus Ungarn, das je Element bis zu zwei Tonnen schwer ist. Es ist wärmeschutzbehandelt und hat ein basaltgraues Punktmuster, kein Element gleicht dem anderen.

Bis zu 110 Meter wird
die Elbphilharmonie in
die Höhe ragen.

In 50 Metern Höhe, im 12. Stock, beginnt das Herzstück des Gebäudes: der Große Konzertsaal. Mit bis zu 44 Metern Länge und 40 Metern Breite reicht der Saal bis hoch zur 17. Etage und bietet 2150 Plätze. Von dem japanischen Akustikguru Yasuhisa Toyota, der weltweit mehr als 50 Konzerthäuser beraten hat, stammt das geniale Konzept: Zwei ineinanderliegende, nur durch eine Federung verbundene Betonschalen garantieren eine absolute Schallisolierung von außen: eine bis zu 40 Zentimeter dicke Außenschale und die innere Schale, die aus 21 Stahlrippen besteht. Darauf sind Tribünenfachwerke montiert, welche die trichterförmige Anordnung der zukünftigen Sitzreihen bereits erahnen lassen. Die Konstruktion ruht auf 326 riesigen Stahlfederpaketen, die Lasten von 17 bis 100 Tonnen tragen. Die nur 50 Zentimeter hohen und bis zu 70 Zentimeter breiten Metallpuffer sind millimetergenau zwischen Beton und Stahlträgern eingebaut, so wird der Konzertsaal vom Rest des Baus entkoppelt und schwebt quasi im Gebäudeinneren. Die 270 Quadratmeter große Bühne befindet sich in der Mitte des Raumes, hier ist Platz für ein komplettes Orchester nebst Chor. Das Publikum gruppiert sich wie in einem Fußballstadion rund um die Bühne, wodurch beste Sicht auf allen Plätzen bis hoch zum 18. Rang garantiert wird.

Die ausgeklügelte Saalgeometrie, die Oberflächenbeschaffenheit der Wände, die nach einer 3-D-Berechnung mit 10 000 individuell gefrästen Gipsplatten beklebt werden, und ein ovaler Reflektor mit 15 Metern Durchmesser sollen eine optimale Akustik bringen. Der Große Saal ist auf klassische Musik ausgerichtet, soll aber auch für Jazz- und Popkonzerte genutzt werden. Der zweite, kleine Konzertsaal mit einer Bestuhlung für bis zu 550 Besucher beginnt im 10. Geschoss und reicht bis zur 12. Etage. Auf der flexiblen Bühne, die in der Höhe verstellbar und bewegbar ist, soll vor allem Kammermusik gespielt werden. Der dritte Saal, das sogenannte Kaistudio in der 2. Etage, ist mit 170 Sitzen der kleinste der Konzertsäle, in dem vor allem experimentelle Musikveranstaltungen stattfinden sollen.

Ganz oben in luftiger Höhe montieren schwindelfreie Bauarbeiter rote Stahlträger für das Dach. Träge funkelt die gigantische Konstruktion in der Sonne, auf dem fertigen Dach ist eine Fotovoltaikanlage zur Nutzung von Sonnenenergie geplant, die Kühlung technischer Geräte und Anlagen soll über Elb- und Grundwasser erfolgen. An der Außenfassade wurde bereits eine weithin sichtbare Stimmgabel angebracht, sieben Meter breit und fünf Meter hoch. Außerdem werden drei Kräne des alten Speichers restauriert und als Industriedenkmäler wieder an der Außenseite montiert.

Bereits vor der Eröffnung können schon Konzerte gehört werden, unter Intendant Christoph Lieben-Seutter erstellen 35 Mitarbeiter ein Programm. Die »94 Konzerte auf dem Weg zur Elbphilharmonie« in der Saison 2009/2010 begeisterten rund 50 000 Besucher. Im Jahr darauf wurde dann das Konzept »Klassische Musik an ungewöhnlichen Orten« präsentiert, zum Beispiel auf einer Kreuzfahrt von Hamburg nach New York.

Mit derzeit geschätzten 323 Millionen Euro ist das Projekt für die Stadt rund 86 Prozent teurer geworden als veranschlagt. Die mehrfach verschobene Eröffnung der Elbphilharmonie, die eines der zehn besten Konzerthäuser der Welt werden soll, ist jetzt für September 2013 geplant. Alle Querelen bis hin zum Gerichtsverfahren der Stadt gegen den Baukonzern Hochtief und einem parlamentarischen Untersuchungsausschuss sollten vergessen sein, wenn das neue Wahrzeichen hoch über dem Hafen erstrahlt und zur weltweit beachteten Architektur-Ikone wird. Dann könnte endlich viel Harmonie herrschen.

Wenn Computer sagen, wo es langgeht

Wie von Geisterhand gesteuert, flitzen führerlose Schwerfahrzeuge über das Gelände und werden bei Bedarf von Robotern betankt. Kräne ohne Besatzung stellen ihre Ladung punktgenau in riesigen Blocklagern ab, in denen weit und breit kein Mensch zu sehen ist. Das Containerterminal Altenwerder wird zu einem großen Teil vollautomatisch betrieben und ist der modernste Umschlagplatz seiner Art weltweit.

Alles ist in Bewegung, tonnenschwere Transporter mit mannshohen Rädern holen hintereinander weg Container ab. Ständig fahren die rund 18 Meter langen Vehikel hin und her, leer oder beladen. Mehr als 80 der massiven Ungetüme sind insgesamt unterwegs, ein zielstrebiges Gewusel. Für die Kranfahrer an der Kaikante muss das von hoch oben aussehen wie im Miniaturwunderland. Mit dem Unterschied, dass bei der größten Modelleisenbahnanlage der Welt in Hamburgs Speicherstadt zahlreiche Figuren zu bewundern sind, auf dem riesigen, eingezäunten Gelände mit den Transportern aber keine Menschenseele zu erblicken ist. Wie von Geisterhand gesteuert, flitzen die Containercarrier umher. Denn der Betrieb auf dem HHLA Containerterminal Altenwerder wird von Computern gesteuert, und die meisten Maschinen arbeiten vollautomatisch.

Der Containertransport an der Kaikante ist eine Aufgabe der Brückenfahrer auf dem Kran, danach übernehmen computergesteuerte Maschinen die Arbeit.

Nur auf der jeweils ersten und letzten Etappe müssen Menschen die Container bewegen, das ist gesetzliche Vorschrift. So be- und entladen Kranführer mit einer der insgesamt fünfzehn 112 Meter hohen fahrbaren Containerbrücken, die auf Gleisen laufen, mit einem 61 Meter langen Ausleger die Schiffe am Kai. Und aus dem Blocklager werden die Stahlkisten ebenfalls von einem Kranfahrer auf Lkw oder spezielle Chassis für den Bahntransport verladen. Der 1400 Meter lange Kai bietet vier Liegeplätze für Großschiffe, dazu können noch mehrere Feederschiffe anlegen. Wenn ein Frachter wie die KYOTO EXPRESS von Hapag-Lloyd festgemacht hat, geht als Erstes der Schiffsplaner an Bord, um mit dem Ladungsoffizier den Beladungsplan durchzusprechen. Denn neben einer gleichmäßigen Gewichtsverteilung ist wichtig, dass Exportcontainer nicht auf die Importcontainer für den nächsten Hafen gestellt werden, weil sonst aufwendig umgestaut werden müsste. Darum wird nach dem Lademanifest eine weltweite Stauplanung gemacht und verteilt, schwere Container kommen nach unten, leichte nach oben und Kühlcontainer zu den Stromanschlüssen.

Um sich zu vergegenwärtigen, wie sehr Container die Logistik verändert haben, muss man nur einen kurzen Blick zurück werfen: Noch bis in die 1970er-Jahre glich die Abfertigung im Hafen einem Ameisenhaufen. Schauerleute schleppten Ballen, Pakete, Gebinde, Fässer und Säcke, die über Winden in die Laderäume gehievt wurden. Der Stauerviz genannte Vorarbeiter dirigierte, ein Tallymann überprüfte für den Reeder die Ladung mit einer Messlatte, von der sein Name abgeleitet war (engl. tally = Kerbholz). Mit dem Löschen eines 10 000-Tonnen-Schiffs waren etwa 120 Tagelöhner eine Woche lang beschäftigt. Und die Schiffsmannschaft freute sich, weil sie Landgang und genügend Zeit hatte, kulturelle Highlights wie Bars und Etablissements zu besuchen.

Für andere waren die ellenlangen Ladezeiten aber nicht so spannend, und irgendwann hatte Malcom McLean von der ewigen Warterei die Nase voll. Der amerikanische Spediteur erfand nach 20 Jahren Tüftelei eine stapelbare Stahlkiste mit reichlich Stauraum, die den internationalen Güterverkehr revolutionierte, weil Container samt Inhalt von Schiffen einfach auf Lkw oder Züge verladen werden konnten. Am 26. April 1956 schickte McLean von Newark aus die IDEAL X mit den ersten 58 Containern auf See. Als sein neugegründetes Unternehmen »Sealand« den Betrieb aufnahm, gab es zunächst Widerstand von anderen Reedern und Spediteuren, und auch Hamburgs damaliger Hafensenator Ernst Plate meinte nur: »Diese Kiste kommt mir nicht in meinen Hafen.«

Doch Plate irrte, denn nachdem der Container internationale Standardmaße bekommen hatte, stiegen immer mehr Reedereien von Stückgut auf die genormten Stahlkisten um. Ein TEU-Container (Twenty Foot Equivalent Unit) ist 6,06 Meter lang, 2,44 Meter breit, 2,59 Meter hoch und verfügt über einen Stauraum von 33,2 Kubikmeter. Der später eingeführte FEU-Container (F = Forty) ist genau so breit und hoch, aber doppelt so lang. Nach Hamburg kamen die Boxen das erste Mal am 31. Mai 1968, als die AMERICAN LANCER als erstes Vollcontainerschiff am Burchardkai am Waltershofer Hafen entladen wurde. Mittlerweile hat die Hansestadt nach Rotterdam den zweitgrößten europäischen Containerhafen mit einem Umschlag von knapp zehn Millionen TEU im Spitzenjahr 2007. Heute ist die Containerschifffahrt Vorreiter und Motor der Globalisierung, weltweit sind etwa 27,5 Millionen der bunten Kisten im Umlauf, die Verwendungsdauer beträgt im Schnitt zwölf Jahre. Rund 500 Millionen Einheiten werden pro Jahr mit Schiffen in aller Welt hin und her transportiert. Jeder Container trägt außen eine individuelle Nummer aus vier Buchstaben, sieben Zahlen und einer Kontrollziffer und kann so jederzeit zugeordnet werden. In allen Ecken sind Beschläge, so kann der Container mit Drehzapfen (Twistlocks) mit dem darunter oder darüber platzierten Container auf dem Schiff verbunden werden. Bis zu neun Boxen hoch werden an Deck gestapelt, im Rumpf stehen bis zu 13 Container in Gerüsten übereinander. Trotz der Sicherung gehen jedes Jahr, zum Beispiel bei Stürmen, rund 10 000 Boxen über Bord und in den Weltmeeren verloren.

Dafür, dass auf dem Terminal kein Container abhandenkommt, sorgen Computer. Von einem Steuerungsraum aus wird das Terminal mit den vollautomatisch fahrenden Hubwagen und ferngelenkten Containerbrücken überwacht. Der Computer bestimmt, in welcher Reihenfolge die Container von Bord gehoben werden. Das Rechenzentrum sitzt in der Speicherstadt, Luftlinie knapp acht Kilometer weit weg. Die elektronischen Superhirne übernehmen, sobald die Brückenfahrer einen Container auf der Portalplattform abgestellt haben, 60 Meter unter ihnen. Die Fahrer müssen höhenfest und schwindelfrei sein, die rote Kanzel, in die sie mit einem Fahrstuhl im vorderen rechten Bein gelangen, schwankt bei Wind bis zu 20 Zentimeter längs und quer. Die Brücken arbeiten im Twin-Lift-Betrieb, so können zwei 20-TEU-Container gleichzeitig verladen werden.

Ein automatischer Kran, die »Portalkatze«, holt die Container von der Plattform ab und lädt sie mithilfe von Lasersensoren auf einen hinter dem Zaun wartenden Transporter. Das sogenannte Automatic Guided Vehicle (AGV) bekommt per Datenfunk vom Zentralrechner den Fuhrauftrag auf einen eingebauten Rechner übertragen, ein komplexer Vorgang, wie Uwe Köhler von der HHLA erklärt: »Die technische Herausforderung waren die Schnittstellen, damit genau der richtige AGV mit dem richtigen Fuhrauftrag mit dem richtigen Container beladen wird.«

Über mehr als 19 000 in den Asphalt eingelassene Transponder können sich die Transporter auf weniger als drei Zentimeter genau orientieren. Die Antenne des AGV induziert die Transponder mit Strom und bekommt so eine genaue Positionsmeldung. Bislang hat es noch nie einen Unfall gegeben, selbst bei starkem Verkehr nicht. Die Transponder reagieren, sollten sich zwei AGV zu nahe kommen, und schalten die Fahrzeuge automatisch ab. Die insgesamt 84 Fahrzeuge, die mit Diesel oder dieselelektrischem Antrieb fahren, merken durch den Bordcomputer von selbst, wenn der Treibstoff zur Neige geht, und fahren zur Tankstelle, wo Roboter die AGV vollautomatisch betanken. Und

Auf dem riesigen Gelände ist kaum eine Menschenseele zu sehen.

Die letzte Strecke des Containers vom Lager auf den Lkw muss von Menschenhand gefahren werden.

bei Eis und Schnee gibt es sogar einen Streu-AGV, der die Fläche mit den Transpondern frei macht. Das bis zu 21 Stundenkilometer schnelle AGV bringt den Container zum Blocklager, wo ihn einer der beiden unterschiedlich hohen automatischen Kräne abnimmt und an einer Stelle absetzt, die vom Computer als optimal für den Weitertransport berechnet wurde. Mit den verschiedenen Portalkränen pro Blocklager führte die HHLA bei Inbetriebnahme des etwa 570 Millionen Euro teuren Terminals im November 2002 eine Weltneuheit ein. Kaum zu glauben, dass noch niemand zuvor auf diese Idee gekommen war, denn so kann die Schnelligkeit verdoppelt werden, weil beide Kräne gleichzeitig arbeiten können, auch beladen kann einer den anderen passieren. Kameras auf dem Kran helfen, den Container punktgenau abzustellen. Durch das automatisierte Blocklagersystem hat das mit einer Fläche von einer Million Quadratmetern eher kleine Terminal eine extrem hohe Flächenproduktivität. Insgesamt gibt es 26 Blocklager mit je zwei Portalkränen, bis zu fünf Container werden übereinandergestapelt, sodass mehr als 2500 Container pro Block gelagert werden können. Die EDV optimiert die Position des Containers laufend, bis zu fünfmal wird die Kiste angefasst und rückt so immer näher an den Kai oder Richtung Landabfertigung. Gestapelt wird dabei nach dem mathematischen Modell der Gauß'schen Normalverteilung, die charakteristische Glockenkurve bedeutet in der Praxis, dass die Container mit sehr hoher Wahrscheinlichkeit auf den jeweils besten Platz zum Weitertransport gestellt werden.

Auf den letzten 20 Metern vor der Verladezone übergibt der computergesteuerte Kran wegen der Sicherheitsvorschriften den Container wieder in die Obhut eines Menschen. Neun Fernsteuerer dirigieren per Joystick und mithilfe von Kameras von einem mehrere Hundert Meter entfernten Steuerstand aus die Verladung auf einen wartenden Lkw oder das Chassis einer Zugmaschine, die ihn zu einer Ladebrücke an den nahe gelegenen Bahngleisen bringt. Auch die Abholung durch Lkw erfolgt EDV-gestützt, bei der Einfahrt ins Terminal durch ein automatisches Tor werden Kennzeichen und bei Anlieferung auch die Containernummer gescannt. Der Fahrer bekommt einen Fahrplan zugewiesen und erhält eine Chipkarte. Bei der Ankunft im Blocklager hält der Fahrer den Plastikausweis an einen Kartenleser. Die EDV weiß dadurch, in welcher der drei Ladebuchten eines Blocklagers der Lkw steht, und weist dem Kranfahrer den abzuholenden oder zu lagernden Container zu. Jeder Truck benötigt so nur rund eine halbe Stunde von der Ankunft am Terminaltor, bis er beladen wieder herausfahren kann, bis zu 2000 Lkw pro Tag können abgefertigt werden.

Jeder einzelne Container wird überprüft, entweder bei Anlieferung am sogenannten Checkgate oder beim Entladen eines Schiffes von der Brückenaufsichtszentrale. Die Kontrolleure stellen die Containernummer fest, schauen nach eventuellen Beschädigungen und nach der Unversehrtheit des Siegels, denn die HHLA hat ab dem Check-in bis zur Kaikante oder umgekehrt die volle Verantwortung für die Ware. Eine Woche vor der Verladung auf ein Schiff wird ein Container im Durchschnitt angeliefert und wandert dann zur Wasserseite, es wird generell gleichzeitig be- und entladen. »In 48 Stunden ist in der Regel jedes Schiff abgefertigt, das gilt bei bis zu 5000 Bewegungen«, erklärt Uwe Köhler. »Das Problem ist aber nicht das Entladen, sondern die Transportkapazität ins Hinterland per Lkw oder Zug.«

Dabei hat der Hamburger Hafen mit der direkten Anbindung an die A 7 eine nahezu optimale Verkehrsanbindung. Täglich verlassen über die sieben Gleise des Terminals rund 180 Züge mit einer Länge von mehr als 700 Metern die Hansestadt. Diese langen Züge können bis zu 90 TEU aufnehmen, das entspricht immerhin 90 einzelnen Lkws. Aber im Vergleich zur Ladung eines Schiffs ist das nur eine winzige Menge: Allein die letzte Reihe an Deck besteht in der Regel aus 120 Boxen, die größten Containerriesen der neuen Triple-E-Klasse können bis 18 000 TEU auf einmal aufnehmen. Etwa 95 Prozent der Strecke eines Containers aus Asien bis zum Abnehmer werden auf See absolviert, nur fünf Prozent auf dem Landweg, aber diese kleine Strecke macht die Hälfte der Transportkosten aus. Rund zwei Drittel der Fracht haben als Endziel osteuropäische oder skandinavische Länder, denn die Häfen der Ostsee sind für große Containerschiffe zu flach und werden regelmäßig durch Feederschiffe beliefert.

Auf dem Terminal in Altenwerder arbeiten 500 HHLA-Angestellte im Drei-Schicht-System mit flexiblen Anfangszeiten, die Einteilung erfolgt nach Aufkommen und Fahrplan der im Linienverkehr fahrenden Schiffe. Dazu kommen Arbeiter von Fremdfirmen wie Festmacher und Stauer sowie Abfertigungsunternehmen und der Zoll, der auf dem Gelände eine Dienststelle für die Freigabe der Container unterhält. Arbeitsplätze sind durch die Modernisierung des Terminals laut Köhler nicht weggefallen: »Die Arbeit ist einfacher, aber die Abläufe sind komplexer geworden. Während wir früher Fahrer für die Vancarrier brauchten, benötigen wir heute EDV-Spezialisten.« Ein Hauptaugenmerk der HHLA liegt derzeit auf der Optimierung des Landverkehrs, zukünftig möchte man die gesamte Transportkette abwickeln und eine eigene Lkw-Flotte für Lieferungen in das gesamte Bundesgebiet schaffen. An drei Bahngesellschaften ist man bereits beteiligt und verfügt über ein eigenes Terminal in Prag, über das die GUS-Länder und auch die deutschen Soldaten in Afghanistan versorgt werden. Und auch an der Verbesserung der Containerterminals wird gearbeitet, denn, so Uwe Köhler: »Durch EDV-Optimierung sind weitere Umschlagsteigerungen möglich.«

Nach den Erfahrungen in Altenwerder soll nun auch das Containerterminal Burchardkai auf vollautomatischen Betrieb umgebaut werden. Dabei sind weitere Innovationen geplant: Die Blocklager sollen bis zu 50 Prozent länger werden, und es sind sogar drei unterschiedlich hohe Kräne pro Lagerstätte vorgesehen, um die Arbeitsgeschwindigkeit weiter zu erhöhen. Das modernste Containerterminal der Welt würde dann nach wie vor in Hamburg und von der HHLA betrieben werden, allerdings ein paar Kilometer weiter flussabwärts.

Auch wenn der Containertransport überwiegend vollautomatisch vom Computer
gesteuert wird, ist die Arbeit im Hamburger
Hafen ohne den Menschen undenkbar.

Wolfgang Schirmer
Abenteuer Hafen Hamburg
ISBN 978-3-7688-3239-7

Michael Pasdzior
Der Hamburger Hafen
ISBN 978-3-89225-552-9

Erhältlich im Buch- und Fachhandel oder unter www.delius-klasing.de